数字资本主义

野村综合研究所
董事长兼社长 ［日］此本臣吾 主编

［日］森健、日户浩之 著

野村综研(大连)科技有限公司 译

Digital Capitalism

復旦大學出版社

站在新时代的前沿(代序)

崭新的世界如一夜春风而来,我们发现:通过社交网络也能操纵大选结果,视频里侃侃而谈的名人可能只是黑客假扮,一个没有央行的货币(比特币)居然市值相当于英特尔(Intel)公司,还有更多在过去看来不可思议的事情……每个人都能清晰地感知新兴的数字技术带来的变革;无论适应与否,你我都得揣着智能手机出门,在付款时到处寻找二维码,在找人的时候点开社交软件。

目前,数字经济已然成为政、商、学各界的宠儿。数字化技术已成为各个国家、地区经济体,尤其是成熟的工业经济体切换增长动能的重要引擎;通过数字化技术赋能,则已然是当下各类传统与新兴行业及企业变革竞争力范式、创新商业模式、取得指数增长的唯一选择;数字经济的爆发式发展,驱动着新技术、新应用、新模式以前所未有的速度出现、迭代乃至升级换代,从理论到应用的落地,其周期前所未有地被缩短,理论、学术、技术研究者与实际工程应用者之间的边界愈发模糊。

可以这么说：数字经济时代的到来，是人类社会数百年未有之变局。从农业经济到工业经济再到数字经济，经济形态的每一次切换，都将带来人类社会的文明、财富及组织形态的巨大跃迁，而作为各经济形态底层的重要支撑基础——商品原材料、生产工具、物流系统和货币（金融）体系，则在每一次经济形态的切换中发生质的变化。在数字经济时代，数据已然成为不可或缺的关键原材料，算法已然成为新世界的必备工具，物联网则成为数字空间联通物理空间的物流管道，而区块链则将成为新时代的金融基础设施。

笔者一直在象牙塔中研究密码学与信息安全，如今却发现已身处数字经济变革的理论研究与工程应用实践的最前沿，成为了国内研究区块链的前行者。在尝试着用崭新的技术去改变现实世界的时候，最深的体会就是很多既有的观念在新技术的加持下，需要更新。举个简单的例子，就拿大家都熟悉的合同（合约）这件事来说，在区块链的背景下，就提出了计算机自动验证、自动执行、无需中介等概念，再进一步还有计算机和人均可理解的李嘉图合约（Ricardian contracts）等概念；又比如在人人都习惯了随时被广告打扰的现在，突然有人告诉你广告商能为你观看广告的时间、精力成本付费。

不由得提出一个论点：作为时代变迁的参与者，需要用更新的视角去观察，去理解其背后的社会学、经济学理论。

《资本论》毕竟已经面世 100 余年，它是在全球经济处于农业经济全面转向工业经济的时代大背景下产生的。从其产生的背景看，在全球经济形态整体转型之时，人与人的协作体系、生产资料的关系发生了剧烈的变化，但由于缺乏理论与实践经验的指导，人类社会的阶级矛盾、新老利益矛盾日益尖锐，带来了频繁的经济危机和残酷的战争，使得人类不断地面临财富与生命的毁灭危机。

同样地，当全球经济形态从工业经济转向数字经济之时，原有的人与人协作的关系、生产资料的关系已经被数字化深刻改变，随着互联网、物联网（IoT）、人工智能（AI）、数字货币等崭新的技术加入，现今社会的生产方式、劳动形态、商品形式、财富关系已经发生了巨大的变化，全球化的合作模式改变了产业分工、财富分配、货币体系，也引发了多次经济危机，扩大了贫富分化，造成了环境危机。黑天鹅、灰犀牛事件也时时敲响警钟。为了协助人类社会平稳、和谐地由工业经济迁入数字经济世界，避免产生重大的冲突、损失，则需要一种从新经济形态特点出发的视角，结合全球实践经验的理论与方法给予我们指导。而这本由日本最著名的咨询公司之一的领航人所带来的《数字资本主义》，就是一部站在新的数字经济视角，对新形态下的生产关系、商业模式进行深入剖析的著作。

作者在第一部分基于翔实的资料分析了新时代、新技术背景下经济运行的现状，提出了"数字资本主义"的概念；在第二部分进一步分析了数字化对传统生产关系的改变，讨论了数字化所带来的全新主题："消费者剩余""共享经济""全新的稀缺性""知识生产率"；最后在第三部分探讨了社会的协作关系如何发展，各种资本主义的发展方向及其未来。

在这本书里,我们的疑惑可以得到解答:外卖和手机地图是否提升了幸福感?共享单车到底是会成功还是失败?隐私数据到底是有价还是无价?注意力经济是怎么回事?新兴的技术如何改变着世界运行的规律?未来的合作会变成什么样子?

期待着本系列的进一步深入解析。

阚海斌

开创未来的选择

探寻社会的新范式并将其化为现实,正是日本首个民间综合智囊团——野村综合研究所(NRI)自1965年创立以来始终奉行的社会使命。NRI是最早预见到IT将被列入社会基础设施,并早一步向企业及社会提供咨询与IT解决方案融合服务的机构。我们也希望继续为迎接在IT化浪潮中不断发展的数字化社会提供支持。其核心是借助IT来改变社会及产业的存在方式,也就是所谓的"数字化转型"。

世界正经历着翻天覆地的变化。在AI(人工智能)、IoT(物联网)等技术革新不断推进的同时,全球化的浪潮也在向我们涌来。在"数字经济"于世界各地同时兴起的大环境下,国家制度、企业经营及个人生活都被迫发生着前所未有的转变。而在日本,我们还必须同时考虑少子老龄化、地方创生等社会课题的应对之策。

在此深刻变革的节骨眼上,为日本乃至世界描绘理想蓝

数字资本主义

图,并围绕社会制度及企业经营的方向建言献策,正是 NRI 所肩负的使命。"众人携手,创建可持续发展的未来社会"。为了这一简短却坚定不移的信念,NRI 集结了所有的力量。由在各领域具备专业知识的研究员及咨询顾问与外部专家一同探讨,摸索"由数字化开启的近未来"的方向性。

为此,NRI 找到了认同此举价值的东洋经济新报社,决定以书籍的形式发表研究成果,为全世界建言献策。

作为第一部的本书中,NRI 梳理了被视为预测日本数字化前进方向的前提的资本主义发展趋势。在此基础上,NRI 将深受数字化影响的当代资本主义定义为"数字资本主义",并在开展分析的同时,以更宽广的视野研究了资本主义今后的发展方向。

而为了筹划续篇,NRI 希望思考数字经济带来的社会及产业结构范式转变,以及社会及产业的理想蓝图,揭示产业政策及企业经营的新方向。此外,NRI 还正在考虑开创不同于 GDP 的全新的"富裕度"衡量指标。

至于将开创怎样的未来,则取决于我们每一个人当前的认知和选择。我们究竟会实现怎样的未来?眼下努力的结果,想必都会在 21 世纪 20 年代得到答案。我由衷地希望,本系列能够为此提供助力。

株式会社野村综合研究所　董事长兼社长

此本　臣吾

2018 年 4 月

引言

无法用 GDP 准确衡量的数字化的影响　1

不断加速发展的共享经济　3

数字化引发的经济紧缩风险　5

生产者的逆袭　6

数字资本主义的多样性及其未来　7

PART I　资本主义正面临着什么

1　趋于"停滞"的世界经济　12

二战后持续处于下行通道的全球增长率　12

将 GDP 增长率细分到"人口"与"人均"　13

日趋低迷的劳动生产率　15

萨默斯的"长期停滞理论"　17

围绕长期停滞的大辩论　19

日本人口减少,人均 GDP 却仍在增长　22

劳动生产率与薪酬存在巨大鸿沟的日本　　23

　　　利润与薪酬、投资间的鸿沟　　25

　　　生活水平提高的真实感受　　27

　　　数字化引发的"经济失焦现象"　　28

2　资本主义 vs 民主主义？　　30

　　　资本主义的定义　　30

　　　第一阶段：商业资本主义　　31

　　　第二阶段：工业资本主义　　31

　　　第三阶段：数字资本主义　　33

　　　民主主义的逆袭？　　35

　　　资本主义与民主主义的相容性　　36

PART Ⅱ　数字资本主义的登场

3　难以精确衡量的消费者剩余的增长　　42

　　　计入 GDP 的生产者剩余和不计入 GDP 的消费者剩余　　42

　　　仅产生消费者剩余的免费数字服务　　45

　　　消费者剩余引发 GDP 失焦现象　　47

　　　商品的搜寻成本降低　　48

　　　因数字化而降低的成本　　50

　　　数字颠覆　　51

　　　声田产出的消费者剩余约为 2 兆日元　　54

　　　曾被视为衡量生产力及军事实力的标准的 GDP 统计　　56

免费数字服务创造的消费者剩余　57

　　国内总剩余（GDS）　60

　　完善国内总剩余数据的"财富账户"　62

4　从拥有产权到分享使用权——共享经济的诞生　64

　　共享经济的定义　64

　　共享经济的狭义定义　66

　　何谓协同型经济　69

　　何谓协同消费　72

　　何谓按需服务　76

　　共享经济的优势/劣势领域　80

　　消费的高效性/充足性　82

　　资本主义与共享经济　83

　　用什么来衡量共享经济的规模　84

　　对现有玩家的影响　87

　　消费者剩余的增长　89

　　机会均等化正在推进　90

　　"从拥有产权到分享使用权"的消费观念转变　91

　　汽车共享服务的普及　92

　　使用经验多、使用意向高的跳蚤市场APP　94

　　空余时间及技能的有效利用　96

　　正在不断疏远的传统人际关系　98

　　对合租模式下新型人际关系的摸索　99

　　智能手机、SNS的普及推波助澜　100

　　再循环、再利用让企业与消费者的关系更趋多样化　101

5 被数字化改变的经济课题　103
　　信息局限与市场失灵　103
　　社交网络数据的爆炸性增长　104
　　阿克洛夫的"柠檬"问题　105
　　道德风险问题　107
　　什么是数字资本主义时代的稀缺性　109
　　从"无形的手"到"无形的眼睛",再到"无形的头脑"　111

6 从私有财产转变为公共财产、准公共财产　113
　　资产及服务的四大类别　113
　　扩充了私有财产领域的工业资本主义　115
　　持续扩大公共财产、准公共财产领域的数字资本主义　116
　　由民间提供的公共财产和准公共财产　118
　　这是"公地悲剧"吗?　119
　　公地仍发挥功能　120
　　既非国家主导亦非民间(市场)主导的治理模式　121
　　公地方式的优势/劣势　122
　　数字公地的登场　123

7 数字资本主义通往第三阶段的道路　125
　　由于生产者剩余减少,导致总剩余的中长期缩量　125
　　数字资本主义能否顺利进入第三阶段　126
　　数字化导致的行业分类崩塌　128
　　从劳动社会转变为活动社会　129

从劳动生产率到知识生产率　　131
　　知识生产率是消费者与生产者的协作活动　　131
　　让价格更接近支付意愿额　　132
　　由顾客决定分享使用权费用体系　　135
　　通过实验提升知识生产率　　136
　　让顾客成为创新者　　137
　　生产者与消费者的界限变得模糊　　140

PART Ⅲ　数字资本主义的多样性及其未来

8　**在世界史中定位数字化**　142
　　从交换形式洞察世界史　　142
　　即将孕育出"D"领域的数字化　　146
　　无需支付等价货币的共享经济　　148
　　数字空间中的实物交易平台　　149
　　信用基础的变化　　151
　　寻求自由平等的领域　　152
　　在资本主义功能暂时萎靡时也会出现的 D　　154

9　**数字社会的多样性**　156
　　数字资本主义"可怕"吗　　156
　　各国对机器人及 AI 各具特色的接受方式　　157
　　如何看待科学技术对社会造成的影响　　160
　　人工智能会威胁到人类吗　　163

三种技术文化　166

人类的替代、完善或强化　169

数字时代适用哪种技术文化　171

10　资本主义的发展方向　173

因交换形式、技术文化而改变的未来愿景　173

设想1：用数字化强化C的"纯数字资本主义"　174

设想2：用数字化同时强化C和D的"市民资本主义"　177

设想3：用数字化强化D的"后资本主义（富裕经济）"　180

日本数字化的发展方向　182

将数字化用于解决经济社会问题　184

人类主观世界的重要性　186

注释　189

结语　207

主编、著者介绍　210

引 言

无法用 GDP 准确衡量的数字化的影响

从 2014 年第 4 代智能手机正式普及开始，日常生活的数字化就开启了飞跃式的发展。随之而来的，是我们生活体验的巨大改变，这一点在数据上也表现得非常直观。

野村综合研究所（NRI）每 3 年都会针对社会生活的变化，开展一次"万人问卷调查"。其中"对自身生活水平的评价"这一问题，以 2010 年左右为分界线，回答自身生活水平处于"上"或"中上"水平的受访者有了明显的增加。

在此期间，日本的薪酬水平明明存在降低的倾向，为何实际生活体验却反而提升了呢？回答"上"或"中上"的受访者有一个共通的答案，那就是"通过网络等收集生活信息、优惠信息，使自己能够更加聪明地消费"。近几年来，由于IT应用水平的飞速提升，即便薪酬未见增长，但生活水准维持在较高的水平这一现象也可以被量化观测到。

若以GDP为指标来衡量，在日本，经济停滞不前、薪酬也未见增长，但与此同时，普通人却正在享受着生活质量的提升——对这一现象进行更为深入的挖掘分析，我们发现，数字化或许正在为我们带来GDP统计所无法观测到的某些改变。这些改变具体是什么，我们需要探究这些现象的实质。

数字化所带来的，是过去无法想象的价格下降。举个例子：一方面，由于消费者能够通过网络彻底对比价格，因此即使商品的制造成本没有改变，其价格也会被不断压低；而另一方面，制造商通过网络进行销售，能够直接对接顾客，从而省下了流通环节的中间费用。音乐作品类商品实现数字化后，再生产成本几乎为零，可急剧降低传播所需的成本。这种与模拟信号时代在功能上没有改变的产品，伴随着数字化实现了价格与成本的同步大幅降低。

普通人在购买某种商品或服务时，会设定"愿意为相应内容而付出"的心理价位。这就是"支付意愿额"。支付意愿额与实际价格的差值，被称为"消费者剩余"。在定义消费者剩余时，我们可以将它理解为是消费者觉得"赚到的"、视为"净收益"的部分。

相对地，生产者也能够通过以低于价格的成本生产商品，获得价格与成本之间的差值，也就是"生产者剩余"。这部分就是企业的利润。

随着近年来数字化的发展，虽然消费者的支付意愿额与过去基本持平，商品价格却发生了大于生产成本降幅的大幅度下降。这一现象造成了消费者剩余的增长及生产者剩余的降低。

让我们回归数字化影响与GDP统计之间的关系，其中值得关注的是，生产者剩余被（定量化地）反映到了GDP统计中，而消费者剩余（作为一项主观指标）却并未得到衡量，也未被反映到统计数据中。因此，我们在无法准确掌握数字化带来的消费者剩余增长的情况下，单看GDP（生产者剩余）统计数据，会有一种"经济形势与实际生活体验似乎不匹配"的感觉。

消费者剩余与生产者剩余的总和被称为"总剩余"，可以说，总剩余才是该商品、服务产出的真正意义上的附加价值。总剩余包括能够客观衡量的生产者剩余和只能主观判断的消费者剩余。虽然很难将总剩余数据化，但正如NRI通过问卷调查得到的结果一样，即使是主观性指标，也能够借助某种方式来实现定量化。在数字化发展的大背景下，仅仅依靠GDP这一项指标来衡量经济领域的价值的确已经越来越难了，亟待导入新的指标。

不断加速发展的共享经济

从某种意义上来看，数字化的实质是"网络效应"[1]。例如，有研究称，2016年全球连接IoT（物联网）的设备约有80亿台，预计2020年将达到500亿台，2030年将达到1兆台。根据梅特卡夫定律[2]，2020年的物联网网络价值将升至2016年的39倍。到2030年更将拥有1万5 000倍的价值。2000年全年的社交网络数据量仅相当于2018年一天的量,到2020年更是只等于一小时的量。所有东西都正在随着数字化、互联网的发展而实现连接,网络数据也呈几何级数增长。

利用相关大数据提供服务的典型案例就是"优步"(Uber)。用户在智能手机上输入用车的起点和终点。智能手机带有GPS(全球定位系统)功能,可以将该用户当前的位置信息同步发送给优步。优步能够从庞杂的驾驶员及车辆位置信息中瞬间找到最近的车辆,实施派单。据说优步系统中的车辆行驶数据足有10EB之多。这个数据量是日本大型金融机构保有数据量的10万倍。

类似于优步这种运用大数据瞬间匹配供需的商业形态正在极速扩张。举个例子:根据日本国土交通省的调查数据,日本的汽车使用率仅有1.9%—2.6%。一辆汽车平均每天只行驶28—37分钟。如果能够将闲置状态的资产与需求精准匹配,则可以急剧减少汽车保有量的需求。提供民宿服务的"爱彼迎"(Airbnb)则将视线聚焦到了空置的住宅上,推出了需求对接服务。不光是汽车和住宅,建筑机械领域的数字服务化也在不断推进。如今的工程机械制造商不再单纯地出售机械,而是已经逐步开始提供设备的"施工服务"。建筑公司只需在有需求时购买设备服务即可,不再需要购买并保有工程机械。

随着数字化的发展,可实现最合适的供需匹配,使得所有商品都实现服务化,并提供给用户分享。这种经济模式被称为分享型经济(共享经济)。

实际上,闲置资产并不仅限于物品。近年来,通过网络接收业务指示开展工作,并获取相应报酬的网上工作者也正在全球范围内不断增加。国际劳工组织推测,在2014—2019年的5年间,约有2亿人加入了网上劳动力市场。在亚洲的印度、菲律宾,欧洲的乌克兰、波兰等国民英语读写能力优秀且劳动力充足的国家,网上工作者的数量较多。劳动力也已经逐步成为共享的对象。

数字化引发的经济紧缩风险

共享经济在资源的有效利用上的确存在优势,但是以优步为例,优步发展得越好,由此受到挤压的出租车行业则会失去越多的就业机会,同时,行业雇主的收入总额很可能会相应地减少。爱彼迎也同样如此,因其对空置住宅的低成本使用,该行业越发达,对新建酒店的投资就会越少。

共享经济具有遏制就业及投资增长的负面属性,并不一定有助于GDP增长,归根结底,其作用在于增加消费者剩余方面。比起雇佣压力较大的发展中国家,共享经济更适合于劳动力不足的发达国家;比起处于快速发展期的发展中国家,则更适合于进入低速发展期、拥有(过去积累的)多余资产的发达国家。从日本的特殊国情来看,存在地方人口稀少的问题,考虑到今后因人口减少而增加的闲置资产,在此类地区发展数字化(共享经济)的效果,应该会超过大城市。

综上所述,从某种意义上来说(用传统指标衡量时),数字化的发展或许预示着经济平稳收缩的可能性。通过在网络上实时实现最合适的供需对接，物品不再是被保有的对象，而是以服务的形式，仅在必要的时候取用即可。这样一来，过度生产得到抑制，在理论上，甚至可以实现零库存，构建生产性极高的社会。

一方面，消费者不再需要承担保有物品的成本，消费者剩余将实现极大化。另一方面，生产者剩余将会被优步、爱彼迎之类的共享经济平台提供方，也就是平台运营方独占，传统型生产者（此处对应的是出租车行业及酒店行业）原本拥有的生产者剩余则会被共享经济平台瓜分殆尽。

生产者的逆袭

但是，数字化所引发的经济社会变化，并不止于生产者剩余的减少及经济的平稳收缩。利用数字化增加生产者剩余（利润）的尝试，应该会在今后正式起步。大规模定制正是其中的典型案例。它将构建起依靠客户提供的数据，以更低成本为不同客户分别提供不同产品及服务的生产机制——换言之，就是利用数字技术满足客户的"个性需求"，提高客户的支付意愿额及价格，从而增加利润的方式。

该过程的关键，是用彼得·德鲁克所称的"知识生产率"，取代传统的劳动生产率。所谓知识生产率，就是将客户通过明示、暗示等方式提供的数据作为投入时，可成功转化成附加价值（产出）的转化率。其中，分析学及 AI（人工智能）发挥着重要的作用。

要提高知识生产率，首先必须确保优质的数据输入，为此，企业需要开展将客户也带入其中的商业实验。上述实验并不是在企业内部进行的封闭实验，而是基于某些假设，对客户采取某种行动，并在积累相应反馈信息后据此做出调整并采取下一步行动，如此重复从客户那里收集数据的过程。随后要做的，就是利用相关数据产出能够提高客户支付意愿额的成果，此时，客户的参与度也会更高。

先进的企业正开始推出内部平台，使客户能够自行决定需要的汽车配置、自行搭配金融产品等，让客户可以参与到商品的开发过程中。生产者在其中的角色，可以被认为是提高客户支付意愿额的辅助者。无论如何，相对于劳动生产率是仅限于生产者内部的概念，知识生产率源于生产者与消费者的协作活动，通过这种协作活动，从结果上提高生产者剩余的尝试正在逐步迈上正轨。

数字资本主义的多样性及其未来

数字化会促使资本主义进化，构建起不同于过往工业资本主义的、名为"数字资本主义"的体系，同时孕育着后资本主义社会的萌芽。后资本主义的活动不以累积货币为目的，而是在被称为"数字公地"的平台上开展纯粹的赠予性交换。大部分被称为"共享经济"的服务,都属于资本主义经济与赠予经济的混合型,我们能从中窥见后资本主义的端倪。

数字资本主义今后将呈现的具体形态,取决于人类能够在何种程度上构建起后资本主义的世界,人类在数字化应用领域的不同价值观及文化,以及各国政治经济体制等因素,因此应该会孕育出丰富的多样性。

从全球各国对机器人及 AI 深化发展的不同态度也可见一斑。单从日本、美国、德国等发达国家来看,或许数年后也会发展出各有特色的数字社会。此外,技术文化差异(是用于替代人类还是完善人类)也会产生巨大的影响。技术是中立的。而利用相关技术创造出怎样的社会,则完全取决于人类。要考虑这一问题,就必须先从观察数字化造成的改变入手。

本书最大的特点,是用经济、社会、历史的看法代替技术观点,分析数字化,探讨数字资本主义的诞生及其今后的发展方向。本书由三大部分构成。首先,在 PART Ⅰ "资本主义正面临着什么"(第 1 章、第 2 章)中,将分析正在发生的世界经济及资本主义的"异变",阐述资本主义正在逐步迈向历史新阶段的事实。

而在 PART Ⅱ "数字资本主义的登场"(第 3—7 章)中,我们将从多角度切入,探讨数字资本主义与此前的商业资本主义、工业资本主义的具体共通点及差异点。具体将探讨不断增强的消费者剩余的存在感(第 3 章)、共享经济的高歌猛进(第 4 章)、"无形的眼睛"和"无形的头脑"的登场(第 5 章)、数字平台这一公共财产、准公共财产的扩充(第 6 章)等。在第 7 章中,我们还将论述企业在数字资本主义环境下应当如何提高客户的支付意愿额，增加生产者剩余。在 PART Ⅱ 将揭示目前正在逐渐成形的数字资本主义，在保持追求利润、积累资本的资本主义本质的同时，如何深刻改变传统的经济体系。

在 PART Ⅲ "数字资本主义的多样性及其未来"（第8—10章）中，将会论述数字资本主义的形态并不是单一的，并提出决定其多样性的两大关键视角。其一是从进化论的观点出发，阐明数字化并不仅仅是资本主义的进化形态，而且正在孕育后资本主义社会（第8章）。其二是从生态论的观点出发，阐明对数字技术的价值观、文化及受容性差异会因不同的国家及地区而异（第9章）。最后，我们将从这两个视角出发，在第10章中描绘关于数字资本主义的三种设想。

PART I

资本主义正面临着什么

1

趋于"停滞"的世界经济

二战后持续处于下行通道的全球增长率

　　2017年7月，IMF（国际货币基金组织）发布了世界经济的增长预期。根据IMF发布的预测，2017年全球经济的增长率为3.5%、2018年为3.6%，相较于2016年的3.2%，正呈现稳步回升的趋势。可是其中发达国家的2017年、2018年的经济增长预期分别为2.0%、1.9%，远低于全球经济增长水平。可见为经济回暖提供支持的中坚力量，其实是新兴国家及发展中国家。

　　我们是否马上就能脱离全球金融危机后的漫长低谷期了呢？还是说出口其实离我们还很远呢？在得出结论之前，让我们先来分析一下半个世纪以来的经济状况。

趋于"停滞"的世界经济

图 1-1 展示了从 20 世纪 60 年代至今的全世界以及日本、美国、中国的经济增长率趋势。从中可以清楚地看到，全世界以及美国、日本在二战后经济增长率一路走低，而作为新兴国家代表的中国也在 21 世纪第二个十年迎来了经济增长率下行，经济增长减速呈现出长期化和持续性的趋势。

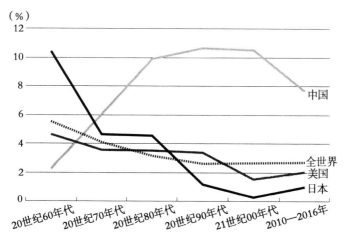

图 1-1 世界主要国家二战后的 GDP 增长率趋势

资料来源：NRI 援引世界银行数据绘制，几何平均。

将 GDP 增长率细分到"人口"与"人均"

那么，全球经济下行这一现象能否被理解为，随着全球人口增长率的降低，引发了 GDP 增长率下降呢？换言之，就是能够产生附加价值的人口数量增长速度正在逐步降低，因此经济增长率也注定会不断走低。为了回答这一问题，让我们再试着略微深入地分析一下 GDP 增长率。GDP 增长率可以如公式（1）所示进行分解。因为 GDP ＝人口 × 人均 GDP，取两边的自然对数，用时间 t 进行微分计算，可导出公式（1）。

GDP 增长率＝人口增长率＋人均 GDP 增长率　　　　（1）

在图 1-2 中，我们将全球的 GDP 增长率分解成了人口增长率与人均 GDP 增长率。20 世纪 60 年代的全球年平均 GDP 增长率为 5.5％（图 1-1），对比图 1-2 可以发现，其中有 1.9％是人口增长，其余的 3.6％才是人均 GDP 的增长。一方面，全球的人口增长率在二战后逐渐降低，在 2010—2016 年降至 1.2％。另一方面，人均 GDP 的增长率也呈现降低趋势，其实早在 20 世纪 80 年代就已经跌至 1.4％的水平。在其后的 20 世纪 90 年代，人均 GDP 年增长率进一步跌至 1.1％，但在 21 世纪第一个十年略微回升至 1.4％。

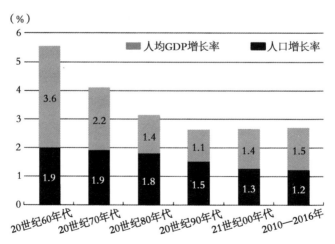

图 1-2　全球 GDP 增长率的分解（人口增长率＋人均 GDP 增长率）

资料来源：NRI 援引世界银行数据绘制，几何平均。

也就是说，全球 GDP 增长率的走低，的确有部分原因是人口增长率的下降，但人均 GDP 的增长率也就是平均收入增长率的大幅降低，才是最主要的诱因。

日趋低迷的劳动生产率

人均 GDP 的增长率自 20 世纪 80 年代起就已呈现低迷状态，那么劳动生产率的情况又如何呢？从表 1-1 中能够看出，日本及整个 G7 集团在 1990—2010 年、2010—2015 年劳动生产率的增长持续降低。美国与中国的劳动生产率在 2000—2010 年有所上升，却在 2010—2015 年又大幅降低。同时期整个 G7 集团的劳动生产率年均增长不足 1%，几乎停滞不前。

表 1-1　劳动生产率的增长趋势（年平均）　　　（%）

	20 世纪 90 年代	21 世纪 00 年代	2010—2015 年
日　本	2.2	0.9	0.9
美　国	1.7	2.0	0.4
中　国	9.5	9.9	7.5
整个 G7	2.0	1.4	0.7

资料来源：NRI 援引 OECD 数据绘制（仅中国使用 CAIC Data），几何平均。

相信许多人都听过"要经济增长,就必须提高劳动生产率"的论点，那么实际上这两者之间有着怎样的关系呢？只要提高了劳动生产率，经济增长率就一定会升高吗？

劳动生产率的定义及其与 GDP 的关系，可以表示为公式（2）和公式（3）。劳动生产率就是每位就业者能够在一小时内产出的附加价值额，如公式（2）所示。和公式（1）中说明的方法一样，取两边的自然对数，用时间 t 进行微分并展开，可导出公式（3）。

劳动生产率 = GDP/（就业者数 × 全年总劳动时间）　（2）

GDP 增长率 = 劳动生产率的增长率 + 就业者数增长率
　　　　　 + 全年总劳动时间增长率　　　　　　（3）

公式（2）是对劳动生产率的定义。公式（3）是公式（2）的数学展开式，等式必定成立[1]。通过公式（3）可以发现，作为第 1 项的劳动生产率升高时，GDP 增长率也会升高。这当中，导致劳动生产率升高的原因就显得尤为关键。从公式（2）来看，如果劳动生产率的升高并非源于 GDP（分子）的增加，而是纯粹通过减少劳动时间（分母）来实现的话，并不能增加 GDP，GDP 增长率也不会变化。再从公式（3）来看，即使第 1 项的劳动生产率升高了 X%，第 3 项的全年总劳动时间增长率却会降低 X%，两者将直接抵消。

究其本质，GDP 增长率是只有通过增加附加价值才能实现其增长的指标。若没有附加价值的同时增加，即使改善了劳动生产率，仍无法提高 GDP 增长率。

1 趋于"停滞"的世界经济

萨默斯的"长期停滞理论"

原美国财政部部长劳伦斯·萨默斯曾在 2013 年 11 月 8 日的 IMF 经济论坛上,用"长期停滞"[2]来描述雷曼事件后的世界经济,并在 2016 年 3 月/4 月号的《外交事务》杂志上发表了题为"长期停滞时代"(The Age of Secular Stagnation)的文章,说明了其观点。

席卷全球的金融危机,使得 2009 年的全球 GDP 降低了 1.7%。虽然在次年的 2010 年反弹增长了 4.3%,但随后的全球经济增长率始终低迷,并且在 2012 年之后,经济增长率再也没有超过 3%。表 1-2 中,以发生雷曼事件的 2008 年为基点,比较了前后 8 年的 GDP 增长率。可以看出,无论是发达国家还是新兴国家,在雷曼事件后都经历了一段经济增长放缓期。

虽然美国、欧洲各国、日本的中央银行为了刺激经济,推出了零利率或负利率政策,但这些国家及地区的通货膨胀率还是长期保持在 2% 以下。在政府负债占 GDP 比重急速升高的同时,长期利率却持续保持在较低水平。也就是说,市场预期低通胀、低利率状态将长期持续。根据这种经济状况,萨默斯提出了"美国的经济复苏已经进入了第 7 年(2016 年),市场仍认为'正常'状态无法立即恢复"的看法[3]。

表 1-2　雷曼事件前后的 GDP 增长率对比　　　（%）

	2000—2008 年 （雷曼事件前）	2008—2016 年 （雷曼事件后）
日　本	1.0	0.6
美　国	2.1	1.5
中　国	10.7	8.3
全世界	3.2	2.3

资料来源：NRI 援引世界银行数据绘制。

萨默斯聚焦利率水平，分析认为全球发生了储蓄过剩（也就是投资过少）。民众都不进行投资而是选择储蓄，资金需求低则利率会降低；反之，投资意愿升高，也就是资金需求旺盛时利率升高。经济学中，将充分就业条件下，投资与储蓄保持平衡的利率水平称为"自然利率"或"中立利率"，萨默斯认为，由于自然利率大幅降低[4]，中央银行的传统金融政策已无法实现该利率。结果导致储蓄超过投资的储蓄过剩状态持续，引发长期停滞。

那么，维持投资与储蓄平衡的自然利率水平为何会降低呢？换一种说法，人们为什么不再像过去一样热衷于投资，而是变得偏爱储蓄了呢？萨默斯在归结储蓄增加的理由时，列举了贫富差距加大、防范因退休后寿命延长而升高的不确定性，以及房贷等的申请条件较过去更严格等原因。而在投资减少的理由方面，除了劳动人口增长率放缓、廉价资本品（机械及设备等）增加，以及授信额度尤其是贷款政策收紧等原因之外，他还指出数字经济是抑制投资的"最重要因素"。

牵引数字经济的苹果、谷歌等企业积累了巨额的现金，对股东的分红压力也日益增大。而堪称共享经济典型代表的爱彼迎，因为其通过提高空置房屋使用率的商业模式，抑制了酒店建设的投资倾向。此外，越来越多的企业，相较于自建数据中心及购买服务器设备，认为利用外部服务效率更高，更为合理。综上所述，只要带有投资抑制属性的数字技术在今后也持续发展，储蓄过剩的问题可能就无法轻易解决。

围绕长期停滞的大辩论

围绕经济低迷及复苏疲软的原因，著名的经济学者各有不同的看法，下面将选择其中的代表性论点进行说明。经济学者的看法大致可分为三类。其一是"经济结构的变化会引发问题"的观点，萨默斯的储蓄过剩论也是其中之一。除了萨默斯以外，还有从经济结构上寻找原因的观点，如肯尼斯·罗格夫的"债务过剩论"。债务过剩论认为，长期停滞的原因是世界金融危机后，各经济部门累积了过量的债务（高杠杆化），消除债务（去杠杆化）需要一定的时间。累积债务不需要多少时间，但消除债务却需要大量时间，其中存在着不对称性。而在消除债务的过程中，通常会采取减少支出、放弃新增投资、用剩余资金清偿债务等方式，总的来说，这些措施都会倾向于减少经济需求，这会造成宏观经济停滞。

第二大类属于"创新停滞论"。这种观点认为，以互联网为代表的所有当代数字革命对经济造成的影响,与汽车、飞机等掀起的20世纪革新相比,实在是太过微不足道了。

创新停滞论者的代表人物,是美国西北大学的罗伯特·戈登。戈登曾在2013年2月的TED演讲[5]上发表了题为"创新的死亡,增长的结束"的演说。戈登在演讲中提出,美国经济正在直面的困难包括人口动态、教育、负债和收入差距,这4点迫使美国的经济增长力减半。而要弥补这些缺口,必须借助强有力的技术创新。但要创造出堪比20世纪伟大发明的创新技术,已经难于登天。19世纪的有篷马车的速度为音速的1%,而20世纪发明的波音707实现了80%音速的速度,其后却几乎再也没有变化。内燃机与汽车的发明,在20世纪的短短30年内,让美国的家庭汽车保有率从0%飙升至近乎100%。他通过列举这些例子,表明如今要再掀起能够匹敌电能、飞机、汽车、各类家电产品的创新,将是非常困难的。他认为,如果不能孕育出强有力的创新技术,美国经济将会被上述4个困难压垮,经济增长率最终将降至0.2%左右,也就是18世纪工业革命前的水平。

创新停滞论的另一位代表人物,是乔治梅森大学的泰勒·科文。科文的理论可归结为两点。其一,对现代的人们而言,"能够轻易收获的果实减少了"。这里的果实,指的是经济增长的源泉。举个例子,20世纪时,全球仍存在许多未开辟的土地,未接受教育的孩子也有很多。换言之,诸如能轻松用作耕地的土地、可提升教育水平的空间等"能够轻易收获的果实"曾经大量存在,但在进入21世纪后,这种能够轻易收获的果实大大减少。而在创新方面,科文也给出了类似的评

趋于"停滞"的世界经济

价,"单从物质方面来看,我们的生活在 1953 年之后就没有发生大的变化,汽车、冰箱、电灯早在当时就已经诞生了"[6],现代创新比起 20 世纪实现的创新而言,是微不足道的。

科文的第二个观点,是近年来的创新成果,正在由"公共财产"转变成"私有财产"。简单来说,就是创新成果的性质发生了改变,即私有财产化。大多数人并不能享受到创新的成果,只有少数人能够独占这些成果,近年来的金融创新等都是私有财产化的典型案例。

停滞论的第三种论点,是"人类无法跟上过快的技术革新的脚步"。持这种论点的代表人物,是 MIT(麻省理工学院)的埃里克·布莱恩约弗森和安德鲁·麦卡菲。不同于创新停滞论者,他们认为技术革新正在以指数函数的速度飞快发展,而人类无法追赶上这一进步,这才是经济停滞的真正原因。这会导致人类劳动力被机械取代的后果,布莱恩约弗森二人将他们的理论命名为"技术性失业论"[7]。他们还指出,从目前的 AI 发展趋势来看,白领也会成为被机械取代的对象。

本书所采纳的,是综合布莱恩约弗森与萨默斯理论的观点,在 PART Ⅱ中将做详细介绍,即:虽然以数字化为代表的技术革新正在以指数函数的速度飞快发展,经济体系却无法赶上这一速度,该现象使各类经济指标中掺杂着异常数值,其中之一正是萨默斯提出的储蓄过剩,也就是自然利率水平处于异常低下的状态。

日本人口减少，人均 GDP 却仍在增长

此前我们探讨了世界经济状况及其长期停滞的原因，下面就让我们将视线转到日本。我们将日本的 GDP 增长率分解成了人口增长率与人均 GDP 增长率，结果如图 1-3 所示。在 20 世纪 60 年代，日本的 GDP 年增长率曾一度达到 10.4%，但那时的全年人口增长率已经低至 1.2%，人均 GDP 实现了 9.2% 的年增长。20 世纪 60 年代，也就是时任首相池田勇人提出"国民收入倍增计划"的时代。在该计划执行期间，政府要求 1970 年度的 GNP（国民生产总值[8]）较 1960 年度翻一番，实际上该目标不到十年就已达成，人均 GDP 也在 20 世纪 60 年代用不到十年的时间实现了倍增。

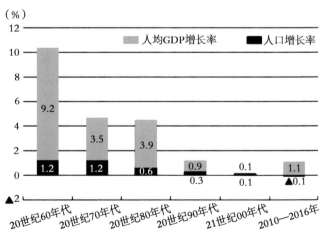

图 1-3　日本 GDP 增长率的分解（人口增长率＋人均 GDP 增长率）

资料来源：NRI 援引世界银行数据绘制，几何平均。

自 20 世纪 90 年代起，日本的人口增长率就几乎为零，在 2010—2016 年还出现了负增长。在这样的背景下，日本的 GDP 依旧能够保持正增长，是因为人均 GDP 的正增长冲抵并超越了该部分的负面影响。反过来说，这也就意味着，如果今后日本人口的减少率进一步提高，一旦不能达成超出人口减少率的人均 GDP 增长率，日本的 GDP 将无法继续实现正增长。

劳动生产率与薪酬存在巨大鸿沟的日本

接下来，让我们看看日本的劳动生产率与薪酬的关系。根据 OECD（经济合作与发展组织）提供的成员国劳动生产率与薪酬水平数据，我们发现在所有主要成员国中，日本是劳动生产率与薪酬水平背离度最高的国家（图 1-4）。

法国的劳动生产率与薪酬几乎保持同步。在美国，虽然薪酬的增长率低于劳动生产率，但差距没有日本那么大。更大的问题其实是美国的劳动生产率本身在雷曼事件后就几乎停滞不前（如表 1-1 所示，21 世纪 10 年代的美国劳动生产率增长率为 0.4%，不到日本（0.9%）的一半）。德国曾经存在与日本类似的倾向，两者背离度也较大，但在 2009 年之后，薪酬也开始与劳动生产率同步升高。

在这 4 个国家中，日本呈现出一种独特的情形。日本在 1998 年、1999 年、2008 年和 2009 年经历了 GDP 负增长，在其他年份都实现了正增长。此外，如表 1-1 所示，虽然日本的劳动生产率变化率并不高，但在 21 世纪第一和第二个十年均呈正增长态势。但与之形成鲜明对比的，是薪酬水平的一路走低。

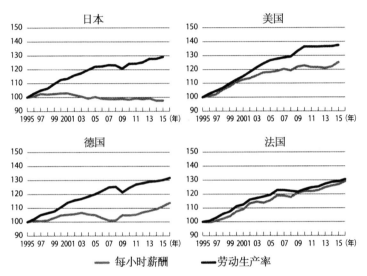

图 1-4　日、美、德、法劳动生产率与薪酬水平趋势图（1995 年 = 100）

注：剔除消费者物价指数影响后的实质每小时薪酬。根据 GVA（增加值总额）计算劳动生产率，再用 GVA 平减指数剔除价格因素影响。

资料来源：NRI 援引 OECD "OECD Compendium of Productivity Indicators 2017" 数据绘制。

有研究指出，日本薪酬增长缓慢的原因，不仅在于非正式雇用增加，劳动力进入低薪酬行业，还在于对省力化、自动化投资的偏重。另一方面，受到近年来劳动力不足的影响，企业对雇用正式员工的态度越来越积极，兼职比例终于开始呈现下降态势，可以说提升薪酬的压力正在加强，但由于机器人、AI 等省力化、自动化选项越来越多，劳动生产率与薪酬的背离不仅未缩小，反而有可能进一步增大。

假设设置大量事务岗位的金融机构在引进 RPA（机器人流程自动化）后解雇了事务岗位的员工。此时，作为劳动生产率分母的劳动力减少，作为分子的产出（因为可 24 小时提供服务）增加，企业"表面上的"劳动生产率将会大幅提升。但其余员工的薪酬却不太可能会随之升高。换言之，数字化在劳动生产率与薪酬的背离问题上很可能就是一大成因，甚至在某些情况下还会进一步加剧这一问题。

利润与薪酬、投资间的鸿沟

让我们再展开讨论一下。日本企业的年度净利润、分红、员工工资、实物投资额的变化趋势如图 1-5 所示。从图中可以明显看出，日本企业的年度净利润与分红的趋势几乎完全一致，但员工工资与实物投资从 2000 年前后开始，就几乎丧失了和净利润的联动性。虽然员工工资不是像净利润及分红那样会有明显变化的数值，但理应如前文所述，随着劳动生产率的增长而有所上升。同样的，投资额直到 2000 年前后都与当年度的净利润保持着同向变化。但在 2000 年之后，净利润增长时实物投资却几乎维持不变。这一现象也可以理解为，正是因为不再进行积极的投资（支出），才造成了净利润升高的

数字资本主义

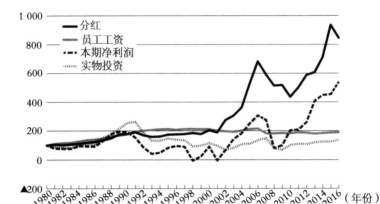

图 1-5　日本企业年度净利润、分红、员工工资、实物投资的趋势图
（1980 年度＝100）

注：不包括金融、保险行业的全行业合计。

资料来源：NRI 援引日本财务省"2016 年度法人企业统计"数据绘制。

结果。

罗格夫所主张的过剩债务造成的投资衰退，在日本主要集中在 20 世纪 90 年代。当时的首要任务是清偿债务，投资受到抑制，净利润也维持在较低水平。2000 年之后，日本企业的债务已基本偿清，虽说受到了全球金融危机的影响，大部分企业的年度净利润水平还是一路呈现增长趋势[9]。但是，与利润增加倾向背道而驰的是，投资始终未见增长。这一现象或许正如萨默斯在"储蓄过剩论"中论述的一样，是受到了带有投资抑制属性的数字技术在 2000 年之后蓬勃发展的影响。换言之，企业利润未被用于投资而是转化成分红的原因，可以理解为是由于重视股东的经营理念在日本深入人心。但与此同时，数字产业和传统产业不同的是，材料产业、机械产业等传统产业的发展需要企业进行大规模设备投资，而数字产业并不需要进行这些投资，甚至通过使用 SaaS（软件即服务[10]），连自建数据中心及软件的投资都可以省去，也有可能是投资未增长的原因。

生活水平提高的真实感受

正如前文所述，日本的经济增长率在 21 世纪第一个十年降至 0.3% 后，在 21 世纪第二个十年人口减少的大背景下仍实现了年平均 1.0% 的经济增长，略见回暖迹象。为实现进一步的经济增长，日本积极采取了提高劳动生产率的举措，然而在劳动生产率提高的同时，薪酬却并未随之增长，反而呈现下降的趋势，背离度进一步增大。

在这样的大环境下，NRI 从每 3 年开展一次的"万人问卷调查"中找到了不同的答案。图 1-6 中展示的，是"普通人对自身生活水平的评价"的历年答案结果统计。从中可以看出，2006 年之后，评价自身生活水平为"上/中上"或"中等"的受访者比例开始提高。

在平均薪酬水平降低的大背景下，反而感到自身的生活水平提升了，这真的有可能吗？这种乍看之下互相矛盾的现象，应该如何解释呢？

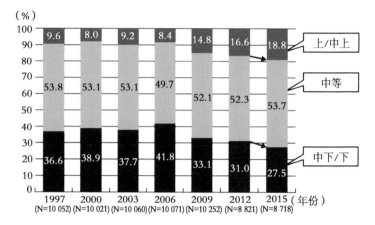

图 1-6 日本"普通人对自身生活水平的评价"的变化趋势

注：选项设有上、中上、中等、中下、下共计 5 个等级。对 15—69 岁受访者的有效答案进行了统计。图中的数值（%）经过四舍五入，合计值可能不等于 100%。

资料来源：NRI"万人问卷调查"（1997—2015 年）。

数字化引发的"经济失焦现象"

我们认为，数字化能够很好地解释这种矛盾产生的原因。更准确地说，数字化改变了过去资本主义的前提及经济的存在方式，正在带来用传统经济指标无法衡量的质的变化。

如果用照相机举例，就相当于原本能够透过镜头清晰观察到的资本主义经济，已经开始失焦。过去，能够通过精准对焦 GDP、劳动生产率等指标，一目了然地掌握经济形势的好坏。但是，随着名为数字化的要素开始逐步影响资本主义，GDP、劳动生产率等传统的经济指标变得模糊不清了。或者说，本章中介绍的劳动生产率与薪酬的鸿沟、企业利润与投资不联动的现象，以及薪酬未涨而主观生活水平反而提高等用传统经济学常识无法说明的现象，同样是经济失焦的一种表现。从这层意义上来看，日本或许可以算是全球范围内，因数字化影响造成经济失焦程度最高的国家。

如果是这样的话，比起探究 GDP 增长率及劳动生产率的变化原因，找到失焦的真正原因，思考如何再次实现对经济现象的精准对焦，或许才是更为根本的解决方法。在 PART Ⅱ 中，我们会将数字化引起的经济失焦现象诠释为新型资本主义体系的诞生，在这里先论述其中的一点。当相机的焦点没有对准主要拍摄对象，而是对准了背景中的某一点时，照片就会模糊失真；也就是说，背景的存在感提高了。我们认为同样的情况也正在经济领域发生。假设 GDP 就是主要拍摄对象，原本的焦点也都精准地对准了 GDP，可如今在数字化的作用下，原本作为模糊背景的"消费者剩余"的存在感提高了，导致了失焦的发生。如果说换装广角镜头就能解决相机失焦问题的话，那么同理，现在我们必须要做的，就是站在广阔的视角上，掌握问题的全貌，将焦点再次对准进化了的资本主义。

2

资本主义 vs 民主主义？

资本主义的定义

在开始探讨数字化之前，让我们先明确本书中"资本主义"的定义。虽然对资本主义的定义及其阶段论并无定说，各方学者都有不同的定义及阶段论，但其中存在一定程度的共识，本书采用了经济学中一般共识的部分。在本书中，我们将资本主义定义为"通过发现、利用、创造差异来获取利润，追求持续不断积累资本（货币）的体系"[1]。

第一阶段：商业资本主义

资本主义的第一阶段是"商业资本主义"。解释商业资本主义，想象一下长途贸易的商人更易理解。英国的东印度公司从印度低价收购胡椒，运至欧洲后，以与金银同等的价格出售，赚取利润。简单地说，就是找到价值体系的差异，并从中获取利润的活动。与商业资本主义同样历史悠久的是"借贷资本"，这同样是一种从货币价值体系的差异中赚取利润的活动。通过以高出资金周转成本的利率出借金钱，将其中的差额转化为利润。在本书中，我们将商业资本、借贷资本等历史悠久的资本主义初始形态，统称为"商业资本主义"。如果用一句话来概括商业资本主义的特点，就是找到已经存在的价值差异，从中谋求利润的体系。

第二阶段：工业资本主义

资本主义的第二阶段是"工业资本主义"。这是在18世纪，经历以英国为首的西方国家掀起的工业革命后诞生的体系。工业革命开始前，欧洲兴起了"圈地运动"，郊外的公有土地被转换成了私有土地，从公有土地上被赶走的农民，首先在郊外开始从事家庭手工业。米歇尔·波德将这个阶段称作处于商业资本主义与工业资本主义之间的"手工工场资本主义"。在工业革命初期,蒸汽机尚未发明,多数纺织机等设备都依赖于水力,工场基本都分布在郊外河流沿岸等位置。其后,伴随着蒸汽机技术的成熟、运河等输送网络的健全,建设在城市地区的大规模工厂开始发展。

岩井克人提出,工业资本主义与商业资本主义具有相同的本质,两者都是利用价值体系差异来实现运作。工业资本主义中的体系差异,是农村地区与城市地区的价值体系差异,具体来说,就是劳动生产率与薪酬率的差异。在工业革命提高劳动生产率的同时,从农村地区流入城市的剩余人口降低了薪酬,使得资本家能够从劳动生产率与薪酬的差异中赚取利润[2]。在商业资本主义阶段,资本家通过长途贸易等方式,从外国与本国间的价值体系差异中产出利润,而在工业资本主义阶段,则转而从农村地区与城市地区的价值体系差异中谋取利润。

再展开一些来说。工业资本主义是不光从劳动力,还会从所有成本(薪酬、原料费、设备投资等)中产生差异的机制。例如通过大量购买原材料的方式,以低于其他公司的单价进行采购,抑或是通过大量生产的方式发挥学习曲线效应,最终使得单位生产成本低于其他公司的方法。在工业资本主义中,不光存在成本方面的差异,还存在通过创新提供与其他公司不同的商品、服务,创造新差异的机制。约瑟夫·熊彼特认为,"通过产业中的突发变异,不停地从经济结构内部掀起革命,不断破坏腐朽的结构,持续创造出新的结构。这种'创造性破坏'的过程,正是资本主义的本质"[3],将资本主义的本质诠释为创新。综上所述，本书将工业资本主义定义为利用并创造投入（成本面）以及产出间的差异，借此不断积累利润的机制。

第三阶段：数字资本主义

关于不断推进的数字化革命是否正孕育出资本主义的第三阶段这个问题，专业人士并未达成统一意见。专业人士的观点五花八门：有的专家[4]认为资本主义正在逐渐走向终结，也就是资本主义不存在第三阶段；而有些专家则提出了数字资本主义只是工业资本主义的高端进化；还有专家认为将衍生出前所未有的新型资本主义。

首先让我们来看看资本主义终结论。只要存在"差异"和"稀缺性"，获取利润的机会就不会消失，而这两点并不会因数字化而消弭。恰恰相反，数字化技术的发展，能够帮助我们发现过去未曾发现的差异，或者产生新的差异。而在稀缺性方面，虽然的确能够以零边际成本对数字化的音乐、电影内容进行复制，使市场供应愈趋丰富，但这也并不意味着在所有领域都丧失了资源稀缺性。正如我们将在第5章中探讨的那样，"时间""精益求精"和"信赖"之类的要素，仍旧会保持其无法复制的稀缺性。只要稀缺性和差异依旧存在，就必定会孕育出交换价值，促使拥有不同价值体系的主体开展交易，并在这一过程中实现资本积累。

因此，当下经济增长率的长期低迷以及各类社会性课题的涌现,并不是资本主义走向终结的信号,反而应当被理解为在资本主义变化过程中,因社会结构的调整没有跟上经济结构的改变速度而产生的摩擦。可即便是这样考虑,围绕资本主义仍然存在两种可能的观点。第一种观点是站在工业资本主义仍然在向高级阶段发展的立场上,将现阶段视为工业资本主义发展过程中的一个环节。第二种观点则认为,资本主义本身已经进入了新的阶段(第三阶段)。

世界经济论坛的创办者克劳斯·施瓦布,将当前的数字革命称为"第四次工业革命"。德国政府也提出了推进"工业 4.0"的说法。正如其字面意思所示,这些说法都是源于他们认为数字化发展将推动工业资本主义的高端化,或者说是暗示着这样的愿景。

相对地,彼得·德鲁克则提出了"知识社会"的称呼,认为经济增长的源泉已经转变成了知识[5];岩井采用"后工业资本主义"或"网络资本主义"的称呼。他认为,互联网黎明期的资本主义是从信息差异中产出价值,这和作为资本主义原始形态的商业资本主义拥有相同的特点[6]。

本书作者与德鲁克和岩井持同样观点,认为资本主义已经转变为第三种形态。其中最大的理由正如岩井所指出的那样,20 世纪末网络的诞生,就像是商业资本主义的重演。日本的思想家柄谷行人曾经提出,当工业资本发展到其形态的极致时,反而会转而呈现商业资本及借贷资本的原始积累形态,也就是说,不再像工业资本那样通过技术创新创造差异,而是走上挖掘现有差异、从中获取剩余价值的老路[7]。在网络空间,我们的确能够观测到这样的动向。

本书将资本主义的第三阶段称为"数字资本主义"。所谓数字资本主义,就是"运用数字技术,通过发现、利用、创造差异来获取利润,追求持续不断积累资本的体系"。从数字化信息是价值创造源泉的层面上来看,数字资本主义虽然是不同于商业资本主义和工业资本主义的形态,却同时具备两者的特征。如上文所述,相对于网络发展初期商业资本主义特性较强的现象,随着数字技术的爆发式发展,云服务、SaaS(软件即服务)及自动化系统等技术的引进,成本上的效率化得到了推进。同时伴随着数字技术的飞速发展,诸如大规模定制等原本不可能实现的差异创造机制也成为了可能,从这一点上看,又具备了工业资本主义的要素。

民主主义的逆袭?

2016年是资本主义历史中具有重要意义的一年。美国特朗普政权的登场及英国的"脱欧"公投(由国民投票决定脱离欧盟),让全球的视线都聚焦到了资本主义与民主主义的关联性上。摆出强硬移民限制及保护主义姿态的竞选者特朗普赢得大选;英国则在"民意"的推动下,决定脱离将"人、物、资本"在境内自由流动作为理念的欧盟。换句话说,可以认为是长期以来在资本主义机制中发挥重要作用的国际化,经由民主主义这一过程,被否定了。

伊曼努尔·托德认为,"特朗普政权的上台,是美国民主主义的逆袭"[8]，但这场发生在英美的民主主义逆袭究竟会带来怎样的结果，我们不得而知。正如弗里德里希·哈耶克曾警告的那样，"没有任何证据可以证明，只要经过民主过程赋予权力，这份权力就绝对不会转变成专制。一旦民主主义决心脱离既定规则行使权力，就注定会带来专制"[9]，也就是说，民主主义也有可能反而限制了自身的自由。

资本主义与民主主义的相容性

身处像日本这样资本主义与民主主义捆绑存在的国家，人们难以区分它们，会认为这两者关系密切。再则，大部分人都含糊地认为，随着1991年苏联解体，全球大部分国家应该都已经同时导入了这两种主义。但实际上，目前日本及美国采用的那种代议制民主主义的历史远远不及资本主义悠久，以国家数量来看的话，采取这种制度的国家还不到一半[10]。根据罗伯特·达尔的研究，直到1860年，承认男性普遍选举权或普遍选举权的国家只有1个（法国），随后，德国（1867年）、美国（1870年）、日本（1925年）等国也开始参与其中，但这一过程就像是"横穿沙漠的旅人的步伐"[11]般迟缓。截至1990年，在全球192国中，只有65个国家，也就是全世界的1/3左右满足这一条件（图2-1）。

由此可见，代议制民主主义的历史很短，满足该条件的国家数量也并没有想象中的多。根据MIT的达龙·阿西莫格鲁的研究，民主主义化能够在长期内使该国的人均 GDP 平均提高 20%[12]。由此我们可以看出，资本主义与民主主义一直以来都关系密切、难舍难分，为何时至今日却突然变得关系紧张了呢？

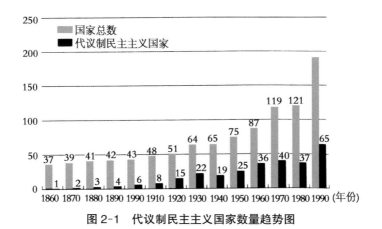

图 2-1 代议制民主主义国家数量趋势图

资料来源：NRI 根据 R. A. 达尔《论民主》（岩波书店，2001 年）绘制。

在书中，达尔将民主主义与资本主义的关系，描述成总是吵架却还是维持着婚姻生活的夫妇[13]。换言之，两者并非始终如胶似漆，而是既有共通点，也有差异点。达尔认为，在尊重参与者的"自由"这一点上，资本主义与民主主义是共通的。资本主义采用的，是各经济主体根据自主意愿，决定生产、消费、投资行为的机制，从这层意义上来看，与个人自由表明自身意愿的民主主义相同。哈耶克也持同样的观点，提出"如果说资本主义意味着基于私有财产自由买卖的竞争体系，那么民主主义就只有可能在该体系中得到实现"[14]。另一方面，相对于资本主义会在参与者之间引发"不平等"的特点，民主主义的大前提却是所有参与者的"平等"，这一差异点使两者产生了矛盾。

担任马克斯·普朗克社会研究所名誉所长的沃夫冈·施特雷克则提出，资本主义与民主主义从一开始就是"被迫结合"的。施特雷克认为，20世纪80年代美国里根政权、英国撒切尔政权的诞生，就是资本主义与民主主义的"阶段性分离过程"的开端[15]。里根政权、撒切尔政权将经济政策的方向舵，由此前的"凯恩斯资本主义体系"（国家介入经济、大政府），转向了"哈耶克经济体系"[16]（自由市场经济、小政府）。

在此前的凯恩斯资本主义体系中，国家在资本主义与民主主义之间起到平衡的作用，以较大的力度强化劳动者权利，借助税收的收入再分配功能，修正资本主义产生的不平等。但换一个角度来看，也可以认为这种制度削弱了资本主义的力量，造成了严重的低效率。因此，在20世纪80年代之后，以美英为代表的各发达国家开始推出放松各类管制、国营企业民营化、降低所得税最高税率（美70%→39.6%、英83%→45%）等措施。结果使得资本主义原有的活力得到释放，经济上的贫富差距也开始逐步拉大。其后，通过政治献金等途径，美国的经济上的贫富差距甚至蔓延到了政治领域，资本主义与民主主义的"离婚"，成为了无法回避的现实。

那么，民主主义真的已经式微了吗？在哈佛商学院从事美国民主主义历史研究的大卫·摩斯认为，美国的民主主义在历史上曾经拥有找到重要经济课题并解决的能力，但随着民众对民主主义的信心动摇，民主主义的力量减弱，无法再发挥像过去一样的问题解决能力[17]。自建国以来，美国的政治体系始终具备优秀的问题挖掘及处置能力,然而,对于过去40年中发生的不平等加剧及薪酬停滞问题,却不再有能力进行有效应对。

那么,数字化发展究竟会对民主主义造成怎样的影响呢?在2010年的美国国会选举中,Facebook(脸书)通过网站上的信息推送,让34万原本没有准备参与大选的人最终去投了票[18]。数字化是否不仅能推进资本主义发展,还能帮助强化民主主义呢?换言之,数字化能否挽回资本主义与民主主义的平衡呢?

对这个问题,我们很难给出答案。但我们认为,数字化可能会在资本主义与民主主义回归平衡的过程中,起到牵线搭桥的效果。本书将在第4章中介绍的共享经济,会推进个人权限给予的权力普及。各类数字平台正在为个人提供更多发表意见的机会。但是再进一步细读PART Ⅲ就会发现,数字化究竟能否起到中介作用,或许还要取决于其是在何种目的或价值观的驱使下得到使用的。如果将数字化单纯用于强化资本主义,资本主义与民主主义的对立可能会进一步加剧。

PART

II

数字资本主义的登场

3

难以精确衡量的消费者剩余的增长

计入 GDP 的生产者剩余和不计入 GDP 的消费者剩余

如 PART Ⅰ 所述，从 GDP、劳动生产率等经济指标来看，包括日本在内的世界经济的确进入了劳伦斯·萨默斯提出的"长期停滞"时代，薪酬水平也呈现低增长的状态。但同时，一些不可思议的现象也在发生，例如从 NRI 在日本开展的生活者问卷中，却得到了人们（主观上）生活水平提高的结果。

在经济及薪酬长期停滞的同时，生活者的生活水平却提高了，在这乍看之下不可思议的现象背后，数字化造成了很大的影响。在 PART Ⅱ 中，我们将从各种角度全面分析这一问题，

3 难以精确衡量的消费者剩余的增长

下面就先从 GDP 开始说明。为了帮助读者理解数字化对 GDP 的影响,需要先介绍一下经济学中"消费者剩余"与"生产者剩余"的概念。

简化说明一下,就如图 3-1 所示,生产者剩余就是价格与成本的差额,即生产者的利润。相对地,消费者剩余则是价格与支付意愿额的差额,简单地说就是"实惠感"。不同于用金额来表示的生产者利润(生产者剩余),消费者剩余通常是无法被换算成金额的。也就是说,生产者剩余可以计入 GDP,消费者剩余则无法体现在 GDP 当中。

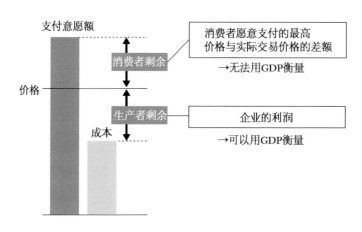

图 3-1　消费者剩余与生产者剩余

资料来源:NRI。

虽然我们可以从概念上理解消费者剩余,但个人的支付意愿额几乎都是不明确的,难以换算成金额。对于各类商品及服务,或许有人会设定明确的最高支付上限,但大多数人都是在看到商品及服务的内容及价格后,依靠"贵""便宜""刚好"

43

之类的感觉来进行购买的。

将消费者剩余换算成金额的另一大难点在于，即使是对于同样的商品，不同人，甚至同一人在不同时间、地点，支付意愿额都是不同的。对于无论如何都想马上吃到冰激凌的人而言，或许宁愿支付较高的金额也会想要购买。相对地，对于冰激凌完全没有兴趣的人，除非价格相当便宜，否则可能根本不会产生购买意愿（抑或是讨厌冰激凌的人，就算免费也不会购买）。如果让同样的人身处烈日酷暑之中，可能原本不想吃冰激凌的人也会变得想吃，如果无论如何都想吃的话，或许还会愿意支付一定的额外费用。由此可见，即使是同一个人，支付意愿额也是会轻易发生变化的。

能够在某种程度上明确把握自身支付意愿额的方法，就是竞拍。例如，在"雅虎拍卖"中，竞拍者可以在最初的投标阶段，输入自己愿意支付的最高金额（支付意愿额）。如果以低于自身支付意愿额的金额成交，其中的差额就是对自己而言的消费者剩余，并且能够以金额的形式体现出来。

消费者剩余与生产者剩余的总和称为总剩余，可以说，总剩余才是该商品或服务产出的真正意义上的附加价值。总剩余包括能够客观衡量的生产者剩余，以及只能主观衡量的消费者剩余。从另一个角度来看，价格可以说是在生产者和消费者之间，对总剩余（价值）进行切分的刀刃。

此外，为了便于理解，本书直接采用了"消费者剩余""生产者剩余"等经济学术语进行表述，实际上，这里所指的消费者，不仅包括 B2C 业务中的最终消费者，还包括了 B2B 业务的企业客户，请加以留意。从这层意义上来看，可以将消费者剩余解读为"客户剩余"或"客户满意度"。生产者剩余也可以更加方便地理解为"企业利润"。

仅产生消费者剩余的免费数字服务

我们每天都在使用免费的数字服务。用户只需支付网络连接费用，就能免费使用谷歌的搜索服务、地图 APP 提供的路线规划服务、Facebook 等 SNS、Instagram 的照片共享服务等。使用免费是否就意味着这些服务完全没有产出价值呢？事实并非如此。这些服务提高了我们的生活便捷性，帮助我们节约了时间，提升了生活质量。在 NRI 于 2017 年 8 月进行的"居民网络调查"中（图 3-2），56％的受访者回答称"使用网络上的免费服务，让我的生活更加便捷"。

对提供免费搜索服务的谷歌而言，广告收入是其收入的一种形式。但是，如果将广告收入额和谷歌搜索服务产出的价值画上等号，就是一种错误的理解。实际上，谷歌的商业模式，应该被理解为由两组"支付意愿额与成本的组合"构成（图 3-3）。

第 1 组是搜索服务（图 3-3 中的左图）。谷歌在提供搜索服务方面花费了成本，消费者也对搜索服务怀有少量的支付意愿。但是谷歌在这样的状态下，提供了免费（＝零售价）的搜索服务。此时，免费搜索服务不会产出生产者剩余，仅产生消费者剩余（准确地说，是产生了等同于成本的负生产者剩余）。

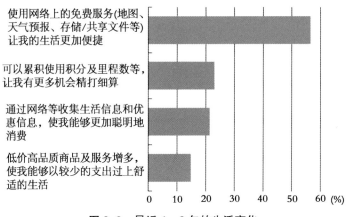

图 3-2 最近 1—2 年的生活变化

注:通过网络进行的以日本全国 15—69 岁男女个人为对象的调查(回收问卷数 3 143 份)。

资料来源:NRI"居民网络调查"(2017 年 8 月)。

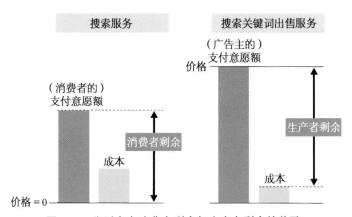

图 3-3 分别产出消费者剩余与生产者剩余的谷歌

资料来源:NRI。

第 2 组则是面向潜在广告主的搜索关键词出售服务(图 3-3 中的右图)。这项服务所出售的,是消费者输入的搜索关键词。

谷歌在出售搜索关键词方面也花费了成本。现在，假设作为广告主的企业及个人对搜索关键词怀有支付意愿额，而谷歌则按照几乎等同于支付意愿额的水平设定了价格。这样一来，这项业务所产出的大部分价值，都将转化为谷歌的生产者剩余，广告主的消费者剩余则会减少。一言以蔽之，就是谷歌在搜索服务中产出消费者剩余，在搜索关键词的出售业务中产出生产者剩余[1]。

消费者剩余引发 GDP 失焦现象

  一直以来都只是作为经济学的概念而存在的消费者剩余，伴随着免费数字服务的普及，正在逐渐成为超越概念的存在。而这一转变，正在引发我们所说的"GDP 失焦现象"。

  关于 GDP 的统计方式需要优化的争论早已有之，至今也已经被指出了许多问题点。例如，对公共部门活动的评价标准不应该是附加价值而是成本，免费的家务劳动服务没有得到评价等等，但是这些基本都是基于生产者剩余推算方法及会计准则上的问题。同时，长期以来，各国政府的统计局也一直在合作改进 GDP 的推算规则。

  但是，随着数字技术的发展，前文所述的免费数字服务成为了我们日常生活中不可或缺的存在，消费者剩余也开始逐步登上了现实世界的舞台。用拍照来打个比方。长久以来，我们都将焦点对准了名为 GDP（生产者剩余）的拍摄对象，背景（消费者剩余）则显得很模糊。我们一直都将视线聚焦在GDP增长上，借此来理解经济增长的情况。但在数字化发展的影响下，曾经作为背景的消费者剩余的存在感提高了。相信喜欢摄影的读者应该能够明白，想将焦点对准主要拍摄对象时，如果背景中存在某些特征性物体，相机可能就会转而向此处对焦。这会导致主要拍摄对象失焦。我们认为，同样的情况正在GDP（生产者剩余）与消费者剩余之间发生。焦点正在逐渐偏离GDP。在这样的局面下，要想摆脱失焦，就必须以更广阔的视野重新理解经济。就像对相机而言，只要换上广角镜头，就能清晰拍摄所有对象。

消费者剩余这个概念在数字技术诞生之前就已存在，为什么随着数字化的发展，消费者剩余的存在感会增强呢？其中最大的理由，应该是数字化对价格及成本的压缩力极强，还孕育出了前文所述的免费服务。只要价格降低甚至免费，就必然会增加消费者剩余。

商品的搜寻成本降低

数字化会对价格造成影响。伴随着比价网站、电子商务网站的登场，消费者可以轻松对比不同的销售者出售的同一产品的价格差距。数字化的发展急剧降低了商品的搜索成本[2]。根据在美、英、德、法4国开展的调查[3]结果，72%的消费者会先上亚马逊网站收集信息，再到亚马逊或实体店购买商品。

而在最终选择在亚马逊之外的地方购买商品的消费者中,也有51%会为了寻找替代商品、对比价格而参照亚马逊。在日本,截至 2017 年 6 月底,"价格.com"的月使用人数为 5 181 万人,较 2007 年 7 月的 833 万人翻了 6 倍多[4]。搜索成本的降低,让消费者能够更加方便地找到低价商品,如图 3-4 所示,这会增加消费者剩余,减少生产者剩余。

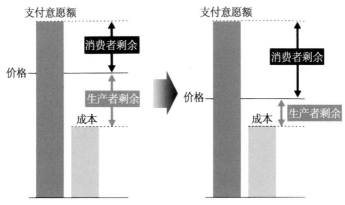

图 3-4　比价网站等出现后,只有价格发生了下降

资料来源:NRI。

可以说,这一点带有作为资本主义初级阶段的商业资本主义的特性。正如此前在第 2 章中所定义的那样,资本主义是"通过发现、利用、创造差异来获取利润,追求持续不断积累资本(货币)的体系"。而在人类的历史中,商人的作用就是发现遥远的地区间价值体系的差异等,并从中获取利润。随着比价网站的出现及拍卖网站的增加,从价格差异中谋求利润的"即兴商人"越来越多,可以认为是数字商业资本主义的形态正在不断扩大。

因数字化而降低的成本

数字化还有助于降低成本。音乐、视频等数字化作品的复制成本几乎为零，可有效降低边际成本（可变成本）。此外，EC（电子商务）的推广减少了中间流通差价，也是成本削减的案例之一。通过使用云服务[5]、SaaS（软件即服务）等，将部分固定成本转化为可变成本，进而降低总成本的经营方式也在飞速发展。

此时，消费者剩余及生产者剩余的变化情况还要取决于价格的实际变化。假设如图3-5所示，成本削减额要大于降价额，则消费者剩余与生产者剩余都会有所增加。如果成本削减额等于降价额，生产者剩余将不会变化，仅消费者剩余增长。

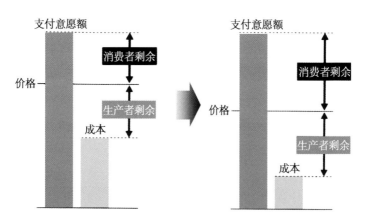

图3-5 数字技术降低了成本和价格

资料来源：NRI。

难以精确衡量的消费者剩余的增长

数字颠覆

因数字化导致边际成本大幅降低的产业，也就是数字化带来颠覆性影响的产业之一，是音乐发行业。音乐作品本身实现了数字化信号，其结果是唱片变成了 CD，并在其后进一步发展成了不借助实体媒介的数字发行形态。但是，音乐发行的商业模式的巨大转变还是在最近几年才发生的。在数字音乐发行企业中，苹果公司的 iTunes 采取了与模拟时代相同的对每支单曲定价的方式。而声田、亚马逊音乐等企业则并未采取销售单曲的商业模式，而是采用了出售乐曲收听权的完全不同的价格体系。

下面就让我们从生产者剩余和消费者剩余的角度出发，看看这种颠覆性创新与传统创新究竟有何差异（图 3-6）。两者的差异能够借助需求曲线、供给曲线以及价格来体现。为了便于研究，我们采用了向右下方倾斜的需求曲线、向右上方倾斜的供给曲线[6]，并假设交易数量与价格由需求与供给的交点决定。这样一来，价格线与需求曲线之间的面积表示消费者剩余，价格线与供给曲线之间的面积则表示生产者剩余。

下面请看正中央的图。工业资本主义下的创新，例如福特引进大批量生产方式的行为，能够通过生产工艺的创新提高生产率，大幅提升供给能力。这一现象在图中表现为边际成本

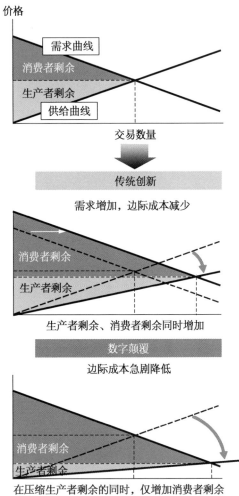

图 3-6 传统创新与数字颠覆的区别

资料来源：NRI。

（供给曲线）斜率的减小[7]。换言之，如果追加制造一辆汽车，单位成本反而会降低。但是这个问题并没有到此结束。亨利·福特在提高劳动生产率后，提升了薪酬。薪酬提高后，利润反而更高了，这是因为消费者（劳动者）的购买力增强了，图中的需求曲线也向右侧平移，意味着不仅消费者剩余增加了，生产者剩余也实现了提升。换言之，在供给能力提高的同时，需求也发生了增长[8]。

与之相对地，数字颠覆（数字化造成的颠覆）降低边际成本（几乎可以降为零）的威力，与传统创新根本就不是一个级别的。萨默斯也曾经指出，与过去的种种创新相比，数字技术不仅具有投资抑制性，还具有劳动节约性。典型的数字颠覆，是由经过数字化武装的新生企业掀起的。传统企业（例：音乐领域的 CD 店）会被逼入绝境，而数字化武装的新生企业却能以极少的员工数量实现业务运营。下面介绍的数字音乐发行企业声田，依靠 2 162 位员工（截至 2016 年[9]），为 1 亿用户（截至 2016 年 6 月）提供服务，而最大的 SNS 公司 Facebook，也仅依靠约 2 万 3000 名员工，为约 20 亿月度活跃用户提供着服务（截至 2017 年 6 月）。

同时具备投资制约性和劳动节约性，意味着很难让需求曲线继续向右平移，造成了如最下侧图所示，生产者剩余被大幅压缩，只有消费者剩余增加的结果。不仅如此，被压缩的生产者剩余还会被少数的新生数字企业尽数占据。

声田产出的消费者剩余约为 2 兆日元

接下来,就让我们以音乐发行企业为例,推算一下消费者剩余吧。在此以声田这家企业的服务为例。声田是一家创立于瑞典的数字音乐发行公司,顾客可选择成为付费用户或免费用户。付费用户可通过支付每月 980 日元(在美国是 9.99 美元/月)的固定费用,欣赏并下载近 4 000 万首音乐。免费用户同样能够欣赏近 4 000 万首音乐,但无权下载,并且每隔几首歌就会强制插入一次广告。截至 2017 年 6 月,声田在全球范围内的活跃用户数多达 1 亿 4 000 万人,其中付费用户 6 000 万人(声田官网公布数据)。

声田经营两大领域的业务,分别是作为主业的音乐发行,以及面向广告主的广告位销售。在音乐发行业务中,会同时产出消费者剩余与生产者剩余。假设某消费者全年会购买 5 张 CD。如果一张 CD 的售价是 3 000 日元,那么他一年需要支付 1 万 5 000 日元。而如果成为了声田的付费用户,他每年只需要支付约 1 万 2 000 日元即可。至此,这位用户至少已经产生了 3 000 日元的消费者剩余,而如果他能从声田的音乐库中找到其他中意的音乐,那么他的消费者剩余将会进一步增加。另一方面,关于面向广告主的广告位销售,为了便于讨论,我们假设只产生生产者剩余,即按照几乎等同于广告主支付意愿额的价格售出。

3 难以精确衡量的消费者剩余的增长

在这样的前提下，我们试算了声田在全球范围内产出的消费者剩余，结果如表3-1所示[10]。基于该推算，在全球范围内，声田能够为付费用户创造约1兆5000亿日元、为免费用户创造约5 000亿日元，约合2兆日元的消费者剩余。虽然付费用户的数量少于免费用户，付费用户获得的消费者剩余却是免费用户的3倍。这是因为付费用户对音乐的支付意愿额更高（免费用户并不具备全年支付1万2 000日元的支付意愿额，或许只是想用音乐来打发时间；而在付费用户当中，存在着对音乐具有极高支付意愿额的人群）。截至2016年12月，声田创造了约600亿日元的毛利润（全球范围内），如果将这些全部视作生产者剩余，声田"消费者剩余/生产者剩余"的比率（称为C/P比）约为33倍。

表3-1 声田在全世界产出的消费者剩余与生产者剩余（试算值）

分 类		推算额
消费者剩余	付费用户（6 000万人）	约1兆5 000亿日元
	免费用户（8 000万人）	约5 000亿日元
	合计	约2兆日元
生产者剩余		约600亿日元（※截至2016年12月的声田公司毛利润额）
C/P比（消费者剩余/生产者剩余的比值）		约33倍

资料来源：消费者剩余为NRI试算值，声田毛利润为其官网公布数据。

相比之下，大多数采用单曲定价机制的传统型企业，C/P比或许都不到1，即消费者剩余小于生产者剩余。尤其是唱片、

CD 因受到"再销售价格维持制度"的限制，被禁止打折销售，因此生产者剩余应该占据了总剩余中的大部分。而同样提供数字音乐发行服务的苹果 iTunes，仍旧实行 1 曲 150—250 日元的传统定价，根据我们的试算，iTunes 的 C/P 比也低于 1。换言之，这种模式下的数字音乐和唱片、CD 一样，生产者剩余大于消费者剩余。iTunes 提供的高音质下载、多终端共享服务，的确能够在一定程度上优化顾客体验，提高消费者剩余，但将边际成本几乎为零的内容按单曲价格进行销售，应该会产出相当高的生产者剩余。销售"单曲"的商业模式与销售"使用权"的商业模式，两者产出的消费者剩余、生产者剩余的比率存在巨大差异。

曾被视为衡量生产力及军事实力的标准的 GDP 统计

因为消费者剩余的存在感增强，引发了 GDP 失焦现象。但这并不意味着 GDP 本身已不再发挥作用，而是意味着不仅要注重 GDP，还要关注消费者剩余。在相机的画幅中，不能光对焦一点，而是必须尝试使用广角镜头，对整个画面进行对焦。

目前世界各国采用的 GDP（GNP）统计口径，确立于 20 世纪 40 年代。该计算规则被称为国民收入核算体系或国民经济核算体系，在 20 世纪 40 年代之前，就在美国经济学者西蒙·库兹涅茨和英国经济学者科林·克拉克的主导下，用于数据的收集及政策的制定。在库兹涅茨于 1934 年首次发表的论文中，他第一次用数值说明了 1929 年到 1932 年期间美国国民收入减半的事实，这在当时的美国引发了轰动，这篇论文也成为了畅销书[11]。库兹涅茨提出该理论的目的，是通过计算国民收入，衡量国民经济的富裕度。但随着第二次世界大战的打响，对英美而言，国家生产力及军事实力的可视化成为了被放在首位的目的。戴安娜·科伊尔将这一决定描述为国民收入计算的转折点[12]。换言之，如果 GNP 是体现国民经济富裕度的指标，那么政府的各项开支（基建投资及国防军事支出等）都将被视为用来实现国民富裕的成本（经费），理应作为成本从 GNP 中扣除。而这一转变的发生，则直接促使国家将该部分支出"计入 GNP"。

这两者之间的差异是非常巨大的。如果今时今日的 GDP 统计口径，要求将政府支出作为成本从 GDP 中扣除，那么作为政策制定部门的工作人员，就不得不仔细考虑如何以更少的政府支出来为国民提供服务。另一方面，对于直接将政府支出额计入 GDP 的现行规则，正如库兹涅茨所指出的那样，"通过计入政府支出来增大经济增长的数字，只不过是一种同语反复，并未考虑人们的生活水平是否提高"[13]。

免费数字服务创造的消费者剩余

我们已经论述了近年来的数字化发展，增强了消费者剩余存在感的事实。正如前文所述，原本作为消费者剩余与生产者剩余合计值的总剩余，才应该是体现国民经济整体福利水平的指标。但长久以来，因为可进行货币换算且客观等技术上的原因，以及掌握生产力、军事实力的政治性需求，单纯地将视线聚焦在了生产者剩余上[14]。

可正如第 1 章中所述，仅仅关注生产者剩余，可能会对国民富裕度产生误解。当发生像数字颠覆那样，因数字化造成生产者剩余减少，但总剩余面积增大的情况时，如果仅关注 GDP，可能会做出经济缩量的判断。

那么，消费者剩余能否进行金额换算呢？正如声田的案例所示，只要假设一些条件是可以进行推算的。事实上，对消费者剩余的研究正在世界范围内不断推进，经济学家也已经开发了一些方法。例如，MIT 的埃里克·布莱恩约弗森团队开发了对免费数字服务产出的消费者剩余进行货币评估的模型[15]。消费者虽然并没有因谷歌、Facebook、YouTube 的服务花费金钱（pay nothing），却花费了心思（pay attention）并从中获得了某种满足（经济学术语称之为"效用"）。

该模型的特点，是将关注点放在了消费者用于免费数字服务的"时间"上。被代入该模型的消费者，会采取让"效用"最大化的行为，而效用则来自消费及（免费的）闲暇活动。免费数字服务的使用时间是闲暇活动的一部分。同时，为了进行消费，人们还必须通过劳动来赚取收入，但并不会将所有时间用于劳动。人们会确保消费及闲暇活动时间，努力提高效用。将睡眠以外的时间划分为劳动时间及消费（及闲暇活动）时间，并保证达到效用最大化（消费及闲暇时间最大化），这样就能对效用进行货币评估，并由此逆向推算使用免费数字服务带来的消费者剩余。

根据埃里克·布莱恩约弗森团队的推算（2012年），2007—2011年，免费数字服务在美国产出的年均消费者剩余为8 380亿美元（=约78兆日元[16]），相当于同期美国GDP的5.8%。NRI套用MIT模型（2012年），试算了免费数字服务在日本产出的年均消费者剩余。可以看到，在日本产生的消费者剩余相当于42兆日元（2007—2015年），虽然规模不及美国，但是占日本的GDP的比重高达8.4%，高于美国[17]（表3-2）。

表3-2 免费数字服务产出的消费者剩余与占实际GDP比重（日本、美国）

	日本（NRI试算值）	美国（MIT推算值）
消费者剩余平均值	42兆日元 （2007—2015年）	8 380亿美元（78兆日元） （2007—2011年）
占GDP的比重	8.4%	5.8%

注：日本推算值是NRI参考上述MIT模型（2012年版）试算得出的。
资料来源：美国的推算值，援引自Erik Brynjolfsson and Joo Hee Oh, "The Attention Economy: Measuring the Value of Free Goods on the Internet"（2012）。美国的实际GDP援引自世界银行。

免费数字服务以外的常规商品、服务同样会产出消费者剩余，因此实际的消费者剩余总量应该要大于表中所示的数值。如果能够借助某种方法，量化从其他资产、服务中获取的消费者剩余，就能够掌握生产者剩余+消费者剩余，即"国内总剩余"(GDS:Gross Domestic Surplus)的情况了。国内总剩余的概念包含了无法用货币评估的生活质量的提升。

国内总剩余(GDS)

在数字资本主义时代,注重国内总剩余这一概念,比单纯关注 GDP 更合适的理由有很多。当然,这一概念本身还存在着课题。说到底,能否将客观的 GDP 与主观的消费者剩余放在同一层面上研究本身就是一个问题。但是,我们还是应该在重视生产者剩余的同时关注消费者剩余,理由如下所示。

其一,伴随着数字化的发展,难以通过 GDP 来衡量价值的情况越来越多。GDP 是不擅长衡量创新带来的影响的,或许有人会对此感到意外。创新才是 GDP 增长的关键,只要创新被切实地推广开来,GDP 不就随之增长了吗?但是,GDP 的主要功能是衡量"量",并不能直接衡量"质"的变化。准确地说,GDP 只能捕捉到由质变引发的销售量变化,相应的数值毕竟不是直接体现质的变化。在 IT 领域,以 PC 为代表的品质提升、价格却反而降低的情况很常见。在品质提升和价格降低的综合作用下,最终的总销售量(额)可能会增长,但性能提升和销售额变化的幅度并不一定是一致的。

相对地,创新造成的 PC 品质提升,则理应表现为支付意愿额的升高(当然如果所有消费者都认为此次性能提升没有意义,支付意愿额并不会升高……)。站在消费者的立场上看,

3 难以精确衡量的消费者剩余的增长

如果在 PC 性能提升的同时，价格还降低了，作为支付意愿额与价格差额的消费者剩余（实惠感）将会大幅增加，实际购买量也应当会增长。

第二个理由是随着数字化的发展，生产者与消费者的界限正变得越来越模糊。我们将在第 7 章中深入探讨，数字化背景下的创新，是顾客参与型的创新。由顾客提供数据，生产者据此提供定制化商品和服务，抑或是由生产者提供让顾客有机会自主参与商品及服务设计的平台，此类协作形态将会越来越多。对于在这种机制下产出的价值，我们难以判断究竟有多少归属于生产者，又有多少归属于消费者（顾客）。当然，我们也可以简单地以价格为分界线，将价格与成本的差额作为生产者剩余，与支付意愿额的差额视为消费者剩余。可实质上，是"生产者"和"消费者"的分界线越来越模糊了。在这样的情况下，比起单纯地执着于生产者剩余（GDP），综合考量总剩余才更为合适。

而第三个理由，则是推算技术的发展。不得不承认，当下我们虽然能够从概念上理解消费者剩余，实际推算却是极为困难的。然而随着物联网的发展及社交数据的爆炸式增加，也许能够对消费者剩余进行实时推算的方法会应运而生。这或许需要借助脑科学层面的研究，也有可能是让消费者通过 APP 等工具表明"实惠度"和"满意度"。换言之，数字化发展本身，或许能够增加对消费者剩余实现技术性衡量的可能性。

生产者剩余与消费者剩余的对比，会让人联想到另一种有趣的类比。数字化发展通过引进 AI（人工智能）、自动化设备等，对生产机械化及自动化进行着加速推进。将这一趋势纳

61

入考虑，就会感到数字化带来的感性、主观性的消费者剩余，与机械性、客观性的生产者剩余之间，呈现了更加鲜明的对比。也就是说，消费者剩余与生产者剩余的关系性，就好像是人类与机械关系性的另一种体现。发生数字颠覆后，生产者剩余被压缩，消费者剩余大幅增长，劳动者被驱逐出生产的世界，赶进了消费者（生活者）的世界，换言之，这一现象或许暗示着一场数字资本主义版的"圈地运动"[18]正在掀起。

同时，将客观指标与主观指标放在一起使用，并不是一个荒唐无稽的想法，这一点已有实例作证，例如股价。股价的计算公式是该企业的EPS（每股盈余）×PER（市盈率），EPS是用财务指标计算得出的客观数值，而PER却是主观指标。PER是股市参与者对这家企业抱有的期待值和欢迎度，PER越高即代表股东对这只股票的期待值越高，抑或是这只股票很受欢迎[19]。当股东认为该企业的PER低于市场期待值时就会买进，发现PER过高时则会卖出。

完善国内总剩余数据的"财富账户"

国内总剩余的概念中包含GDP，因此并不会弃用GDP统计。确切地说，是让GDP统计负责衡量"量"、消费者剩余负责衡量"质"，让两者分工协作，实现互补。也可以不进行合计，单独计算两者。这样一来，就能够解决GDP统计中存在的多项课题。

3 难以精确衡量的消费者剩余的增长

关于 GDP 统计中存在的课题,科伊尔列举了 3 点:(1)难以衡量创新及商品、服务多样性等经济的复杂性;(2)难以衡量服务及无形资产;(3)难以衡量环境及资源保护等可持续发展性[20]。如前文所述,消费者剩余能够涵盖其中的(1)和(2)。可对于(3)对环境或可持续性的影响,却无法通过国内总剩余的概念来衡量。如果一味重视刺激消费者的购买欲,不断提高支付意愿额,反而可能会对可持续性造成不利影响。

因此,在此基础上还需要结合使用其他的辅助统计手段,例如世界银行正在推进开发的"财富账户(财富清算)"等。从关注资产及资本的意义上来看,财富账户相当于企业财务的资产负债表,但有趣的是,该方法不仅衡量有形资产(建筑物、设备等),还会对包括人力资本、社会资本,以及自然资源在内的"综合性财富"(comprehensive wealth)进行统计。虽然财富账户的发展还不够成熟,但是也许在不久的将来,可以和国内总剩余计算模型相结合,提供类似分析企业的资产周转率的分析手法,将自然资源损耗可视化后结合到经济成长分析中去,并以此为宏观经济的判断提供新的元素。

从拥有产权到分享使用权
——共享经济的诞生

共享经济的定义

数字资本主义最具代表性的机制中,有一种被称为"共享经济"的机制,其中的典型代表是将自有房屋短期提供给他人共享的爱彼迎(民宿),以及被称为拼车服务的优步。我们可以认为,共享经济是一种由便携设备及传感器的爆炸式普及,与社交数据急剧增长共同孕育出来的经济体系。这个名词出现的时间还很短,目前被用来表达同一机制的词还有"协同消费""按需经济""零工经济""对等经济"等等。

4 从拥有产权到分享使用权——共享经济的诞生

那么,共享经济究竟该如何定义呢?牛津英语词典在2015年首次引进了"共享经济"一词,并将其诠释为"个人间以免费或付费方式对资产及服务等进行共享的经济体系,通常通过网络来实现"。《共享》一书的作者瑞秋·波特斯曼兼顾技术面、伦理面,全面定义了共享经济,认为其应当具备5大特征(表4-1[1])。

表4-1 瑞秋·波特斯曼对共享经济的定义

(1)核心业务涉及释放未使用或未充分利用的资产潜在价值(闲置产能),无论其目的是为了金钱收益或非金钱收益
(2)企业必须拥有一个明确的价值导向型使命,秉着有意义的原则经营事业。具体而言,即建立于透明度、人性化与真实性等富有意义的原则之上,并以这些原则指导短期与长期战略决策
(3)位于供给侧的提供者(例:闲置资产的提供者)得到评价、尊重,并被赋予权利。企业必须致力于改善供应者的经济与社会生活
(4)身处平台需求侧的顾客,可通过为使用权(而非所有权)支付费用的方式,更加高效地获得商品及服务,从中受益
(5)业务应当建立于分散式市场或分散式网络之上,通过他们所建立的社区创造归属感,实现集体问责与互惠互利

在研究共享经济对资本主义及经济体系造成的影响之前,让我们先来略为深入地分析一下企业(服务)案例,加深对共享经济的认识。为此需要再次借用波特斯曼的分类。波特斯曼对"共享经济""协同型经济""协同消费""按需服务"的区别也进行了定义,下面就让我们一起来看看波特斯曼的定义,并分析案例企业的经营内容,探讨其中都存在着怎样的创新性吧。

本书中,我们将波特斯曼所定义的"共享经济"理解为狭义的共享经济,将所有4种类型视为广义的共享经济并进行分析。

共享经济的狭义定义

根据波特斯曼的诠释,(狭义的)共享经济指的是"通过免费或收费的形式,直接从个人/不同企业共享使用频率不高的资产的经济体系"[2]。现将满足该定义的企业举例如下。

1. 爱彼迎(住宿空间共享)

2008年8月,由布莱恩·切斯基率团队创立于美国加利福尼亚的企业,为需要利用空置房屋增加收入的人群和寻找房源的一方提供联系的平台。其中涉及的低使用率资产是房屋。房东可以将自己外出期间空置的自有房屋作为房源短期出借,抑或是出租平时基本空关的别墅,借此获得额外收入。房东可以自行决定营销方式、网络登载照片的方法以及住宿费用等。

在旅游旺季订不到酒店,抑或是住宿价格飙升时,租客可以通过爱彼迎确保住宿空间,或体验与酒店完全不同的住宿体验。根据爱彼迎网站上的数据,截至2017年11月,空置房屋注册数超过300万间,遍布全球191个国家、6万5 000多座城市,其中还包括1 400多座城堡等。由此可见,爱彼迎不仅开展住宿中介业务,还将经营方向转向了提供独特的旅行体验。

2. Cohealo（高价医疗设备共享）

于 2012 年创立于美国波士顿的 Cohealo，为医院间的高价医疗设备共享提供平台。其中涉及的低使用率资产是高价医疗设备。Cohealo 的研究表明，美国医院的医疗设备平均使用率仅为 42%。换言之，这些设备在其余 58% 的时间中未得到使用，结果在医疗设备的采购费用及租用支出中造成了极大的浪费。世界经济论坛认为，Cohealo 的目标是将医疗设备的平均使用率提升至 75%—80%。实际使用 Cohealo 服务的医院，平均节省了 100 万—200 万美元的成本，截至 2014 年末，在美国的 5 大医院系统中，有 2 个在使用 Cohealo 的服务，覆盖了美国健康保险参保人数的 15%[3]。

3. BlaBlaCar（汽车空位共享）

这是在 2006 年始创于法国巴黎的长距离拼车服务。其中涉及的低使用率资产是汽车空位。BlaBlaCar 的服务以欧洲为主要市场，还进入了俄罗斯、巴西、印度、墨西哥市场。

假设有一个人出于工作目的，需要在周六从伦敦驾驶自己的汽车前往曼彻斯特（约 300 公里），并在下周一返回伦敦。这辆可乘坐 4 人的车上只有他一个人，此时他就可以注册 BlaBlaCar，在往返途中有效利用剩余的 3 个座位。需拼车者可访问 BlaBlaCar 的网站，输入用车日期、出发地及目的地，查找到同日在同一路线上行驶的司机列表及相应价格。价格会比乘坐电车更加便宜。BlaBlaCar 服务的特点，在于司机可以自行设定价格，这一点不同于后述的优步。但是他们可以看到其他司机的报价，因此实际上价格基本相近。

　　司机、拼车者双方能够得到的另一项乐趣，就是在车上聊天。英语中的 blab 有闲聊的意思，日语中的"滔滔不绝"在英语中则对应 bla bla bla……拼车者需要用"不怎么说话"（Bla）、"喜欢聊天"（Bla Bla）、"会聊个不停"（Bla Bla Bla）这3个等级来描述自己喜欢聊天的程度。司机与拼车者能够共享这一信息，在车上愉快地聊天。某项调查报告称，在对法国的 BlaBlaCar 用户人数进行了3个月的调查后，发现达到了欧洲之星的5倍。

4. JustPark（停车位共享）

　　这是在2006年始创于伦敦的停车位共享服务。共享的对象是停车位。JustPark 认为，在每个英国人的一生中，平均有106天的时间被用来寻找停车位，对英国经济而言，相当于造成了每年63亿英镑的生产性损失，还使道路拥堵情况恶化了30%。

　　这项服务能够在正在寻找停车位的人和拥有空余停车位的人之间实现对接。JustPark 网站上注册的停车位不仅包括民间及公共停车场，还有私人停车位。例如在儿子自驾外出旅行1周期间，家中的停车位会闲置，此时就可以将其出借给他人。出租者可以参考附近其他车位的价格行情，为自己的停车位定价。根据 JustPark 官网公布的数据，已有150多万司机注册，提供2万处以上的停车位服务。2011年，宝马（BMW）的风险投资子公司向 JustPark 出资25万英镑，还一度引发了热议。

5. Turo（汽车共享）

2009年，在美国波士顿以RelayRides的名称创立的企业，提供汽车P2P（个人对个人）租赁服务平台。2015年更名为Turo。Turo提供P2P，也就是个人对个人的汽车租赁中介服务，共享的对象是私人保有的汽车。Turo的特点是个人出借汽车，因此不同于传统的汽车租赁公司，注册的汽车种类极其丰富。从保时捷、法拉利、特斯拉等高级车（日均租赁费约为600—1 000美元），到日均租赁费仅有20美元左右的汽车，选择的余地很大。

2012年还与通用汽车缔结了合作伙伴关系，通过使用通用提供的Onstar服务，让通用的车主可以在不用车时便捷地办理出租（注：该合作已于2013年结束）。

Turo在创立之初主要着力开展短时间租赁中介，目前则将重心转向了面向旅行者的长时间P2P租赁业务。因此通过Turo租借汽车的顾客，平均租赁天数达到了5天以上。

何谓协同型经济

下面，就让我们来看看波特斯曼描述的协同型经济吧。协同型经济是"一种在分散式网络/市场基础上发挥功能的经济体系，在规避传统中间商的同时，通过对接需求与资产保有者的方式，释放低使用率资产的价值"。现将满足该定义的企业举例如下。

1. Etsy（手工艺商品的网上交易市场）

这是一个 2005 年由想要出售自制家具的罗伯特·卡林等人创立的网上交易市场。不同于亚马逊及 eBay，Etsy 为想要出售自己亲手制作的手工艺作品的人们（通称手工艺者）提供交易的平台。由于该平台出售的都是个人制作的手工艺品，商品的独创性和多样性远超亚马逊。Etsy 的另一大特点，就是可以发布手工艺品作者的照片及介绍，购买者能够直接联系制作者，委托定制只属于自己的商品等，让购买者和制作者无缝对接。

截至 2015 年 Etsy 首次公开募股时，活跃销售人数已达 140 万人，购买人数则超过了 2 000 万人，通过 Etsy 销售的商品全年销售总额已攀升至 20 亿美元以上。而《纽约时报》则认为，首次公开募股成为了 Etsy 发展的重要转折点。源于投资者的短线投资目的与 Etsy 的企业理念发生了冲突[4]。为了追求业绩，批准了零售业者加入等，动摇了 Etsy 在手工艺者眼中的神圣地位，据说在高端手工艺者当中，正有越来越多的人停止在 Etsy 上出售作品[5]。2017 年，还发生了 CEO 辞任、首次裁员等事件，迎来了艰难的时期。

2. Kickstarter（众筹）

这是一家 2009 年创立于美国的众筹企业。它为影视、音乐、游戏等行业创意项目的资金需求对接资金提供者(赞助者)。资金需求者需要将项目的概要、目标融资额、期限以及提供给资金提供者的回报一同登载在该平台上。当募集到的资金达到或超过目标金额时，需求者可获得资金；未达到目标金额时，需求者将无法获得分文。募集到的资金等同于捐款，不必返还，但赞助者可根据出资额的多少，得到获取各类回报的承诺。例如在某个 PC 游戏开发项目中出资 20 美元以上时，可以在游戏开发完成时得到游戏的复制版，或者可以在游戏内的赞助者名单中写上自己的名字，作为回报。

根据 Kickstarter 官网公布的数据，至今已有 38 万件以上的创意项目在该平台上募集资金，其中达成目标金额，众筹成功的项目比例为 36%[6]。利用 Kickstarter 成功众筹的案例包括 Pebble Time 智能手表、电影版的《美眉校探》等[7]。

Kickstarter 还与亚马逊开展合作，在亚马逊上开设了专门销售 Kickstarter 众筹项目产品的网站[8]。这样一来，在商品的流通面和营销面上，项目发起人都能得到强有力的支撑。自 2017 年 9 月起，Kickstarter 开始在日本提供服务。

3. Vandebron（P2P 的可再生能源交易市场）

这是一个 2013 年创立于荷兰的 P2P 可再生能源交易市场。Vandebron 本身并不生产再生能源，对可再生能源有需求的消费者及企业，可以从其官网上的列表中挑选可再生能源的生产者（主要是农户），直接进行购买。Vandebron 采用的是向生产者和消费者双方收取固定月度注册费的商业模式。交易对象包括风力、水力、生物质能、太阳能发电。截至 2016 年初，荷兰境内已有 7 万 5 000 户居民通过 Vandebron 购买了可再生能源[9]。

4. TransferWise（P2P 海外汇款服务）

这是一个 2011 年创立于伦敦的 P2P 海外汇款平台。2016

年开始在日本提供服务。这项服务的独特之处在于,虽然服务的对象是以海外汇款为目的的个人,却能够在不实施海外汇款行为的情况下实现目的。比如说,A 想要从日本向英国汇款 10 万日元。此时他将 10 万日元打入了 TransferWise 的日本账户。随后,这笔钱却并不会被汇往海外,而是从 TransferWise 的英国账户,直接将相当于 10 万日元的英镑汇入 A 指定的英国境内银行账户。与此同时,想要从英国向日本汇款的 B 出现了,于是将钱汇入了 TransferWise 的英国账户。之后,A 在日本汇入的钱款,就被打进了 B 指定的日本银行账户。不过在实际操作中,并不会进行这种单纯的一对一匹配,而是多对多的衔接。

TransferWise 能够急速吸引顾客的最大原因,在于其手续费远低于银行。根据 TransferWise 官网公布的数据,经银行办理海外汇款时的手续费,最高可能是 TransferWise 的 8 倍。造成差异的最大原因,是相对于 TransferWise 采用市场汇率的方式,银行在海外汇款业务中会采用附加外汇兑换手续费的汇率[10]。

何谓协同消费

波特斯曼认为,协同消费就是"通过技术,对租赁、借贷、交换、共享、以物易物、赠予等传统经济行为进行革新的机制,相应的手法与规模在互联网时代之前是不可能实现的"。现将满足该定义的企业举例如下。

1. ZOPA（P2P 贷款）

这是一家 2005 年在英国白金汉郡创立的 P2P 贷款企业，据说是最早涉足该领域的企业。它提供 P2P，即提供个人对个人资金借贷中介服务的平台。贷款人至少需要出资 1 000 英镑（约 15 万日元），由 ZOPA 细分出资（例如每 10 英镑一份等），分别投入到不同的项目中进行融资。ZOPA 的产品分为两类。ZOPA Core 的年化收益率为 3.7%（已扣除支付给 ZOPA 的手续费），而对高风险项目进行融资的 ZOPA Plus 的年化收益率为 4.5%。根据 ZOPA 公布的信息，从 2016 年底起，贷款人的数量就多于借款人，因此公司已暂停贷款人的招募，此后将不定期开放招募。申请成为贷款人的个人需要在官网上填写联系方式，等候公司主动联系。

《金融时报》评论称，在 ZOPA 上成为借款人的大部分个人都属于低风险贷款，平均贷款利率始终没有超出过 10%，2013 年则以平均 5.6% 的低利率进行融资[11]。但是从 2014 年开始，贷款利率呈现了逐渐升高的趋势，到 2017 年已上升到了 8.8%，或许已经开始将高风险个人纳入了投资组合。2016 年，ZOPA 宣布已着手建设网上银行，并且已开始在英国金融当局办理许可申请手续。

2. Zipcar（汽车租赁）

这是一家 2000 年创立于美国的汽车共享公司。不同于 Turo 提供的个人对个人（P2P）汽车共享，从租赁本公司自有车辆的意义上来看，其实更接近于传统的汽车租赁企业，但 Zipcar 的创新之处，就在于借助便携设备及数字技术的使用，刷新了商业模式。使用者需要先在Zipcar官网进行用户注册。通过注册审批后，用户会收到一张名为Zipcar卡的卡片。随后，搜索位于用车地点附近的车辆。不同于传统的汽车租赁公司，Zipcar的车辆并不会停放在公司内部，而是分布在市内的公共停车场及民间停车场中。用户可按照最短1小时、最长7天的标准租借车辆，在官网上完成预约后即可前往相应的地点（停车场等）。工作人员全程不会出现，用户只需将Zipcar卡放置在车窗附近，就能开闭车门（也可通过手机APP操作）。保险费及燃油费也包含在租车费用中，当燃油不足时，可使用车上的信用卡加油。

2013年，大型汽车租赁公司安飞士以约5亿美元的价格收购了Zipcar，将其收归麾下。截至2017年11月，Zipcar在以美国为代表的全球10个国家吸收了100万名以上的会员，提供1万2000台车辆的共享服务[12]。根据Zipcar官网公布的数据，在世界范围内，每6秒就会有1辆Zipcar的车辆被预约，Zipcar的会员则实现了月均600美元的成本削减（与保有车辆时相比）。

3. thredUP（二手服装交易）

这是一个2009年创立于美国的二手服装交易平台。创始人莱因哈特最初只提供男式衬衣的交易服务，随后却发现二手童装的交易需求更高，目前则依靠二手童装、女装、鞋、手提包、宝石类的二手交易，发展成为全球最大的交易市场。出售方和购买方不会直接进行交易，只有经由thredUP公司仓库筛选的商品，才会发布在交易市场上。

出售二手服装的个人需要访问 thredUP 的官网，申请将用于包装衣物的塑料袋送到家中，有 3 种袋子可供选择：捐赠用袋、免费标准袋、付费袋。付费袋（16 美元）将在到达 thredUP 公司后立即得到处理，出售衣物的收入也会立即转入出售者的账户；而使用免费标准袋时，从 thredUP 着手处理到钱款到账，最长需要 7 周左右。

thredUP 的 2017 年度年报显示，被送至 thredUP 的物品数量，从 2014 年的 200 万件蹿升到 2016 年的 1 400 万件。此外，在从 thredUP 网站频繁购买商品的顾客中，有 10% 属于净资产 100 万美元以上的富裕人群。根据 thredUP 开展的问卷调查的答案数据，收入越高的人，越有意愿尝试二手衣物，thredUP 分析认为这意味着出现了新型"高收入节俭者"[13]。

4. FreeCycle（再循环网络）

这是一个 2003 年创立于美国的非营利组织的再循环网络。它在全球范围内已形成 5 000 个以上的团体，吸纳了 900 多万会员[14]。无需支付会费，提供的物品也是免费交易的。该组织的宗旨是"通过在全球营造共享潮流的方式，减少废弃物，拯救珍贵的资源，减轻垃圾填埋场的负担。同时让所有会员有机会从更大的团体中获得便益"。该组织鼓励成员在全球创建团体，经各地区团体审批者批准的团体，将公布在 FreeCycle 的网站上，并被允许使用该组织的名称及标志等。想要使用 FreeCycle 服务的个人，可以加入所在地区的团体（若有），提供自己不需要的物品，抑或是获取需要的物品（提供及获取的规则由各团体自行决定）。该组织依靠企业及个人捐赠或谷歌广告等收入运作。

《卫报》曾经这样评价 FreeCycle 的机制:"让更多人参与交互赠予,将会改变世界",认为该组织的运作实质并不是慈善事业,反而应当被视为赠予经济的案例之一[15]。

何谓按需服务

波特斯曼认为,所谓按需服务就是"直接对接顾客需求与提供者,瞬时提供商品及服务的平台"。现将满足该定义的企业举例如下。

1. Instacart(食品按需配送)

这是 2012 年在美国旧金山创立的食品按需配送服务。用户可通过 PC 或智能手机等终端登入该公司的网站。输入邮政编码后,Whole Foods、Costco 等在该区域内出售食品的商店将显示在列表中,用户可从中选择需要购买的食品。随后,只需指定配送时间并支付费用,与该公司签订个人合同的采购员就会前往商店,购买订单中的食品并送往用户的家中。食品配送服务按需进行,负责配送的人员也并非正式员工,而是按需劳动者。但近年来,Instacart 的商业模式正在发生转变。由于担心服务品质下滑,负责采购的采购员变成了常驻在零售商内部的 Instacart 员工,在将购得的商品装进袋子后,交给独立签约的驾驶员配送。虽然这一转变尚未彻底实现,但包括 Whole

Foods 在内的多家零售商已经辟出了 Instacart 专用的收银台。

对于零售商而言，即使因恶劣天气等因素导致客流量降低，来自 Instacart 的订单也能在一定程度上弥补损失，因此，该机制对零售商、消费者和想要提供劳动力的驾驶员三者而言，都是有利的。

2. 优步（按需配车）

这是 2009 年在美国旧金山创立的按需配车服务。通过智能手机上的 APP，输入当前位置、目的地与用车规格，就能收到价格、车型、司机照片等信息。优步的创新之处在于，只要提前注册信用卡，下车时就无需进行支付（发票会发送到事先注册的电子邮箱中），且价格在上车前就已确定。用户在用车后可以对司机进行评价，对于评价低于一定标准的司机，系统将采取强制停止提供服务等处置措施。

优步的司机并非优步的员工，而是利用自身空闲时间工作的独立接单者，但由于全球各地都在发生由优步司机发起的集体诉讼，让全世界都认识到了按需劳动提供者在共享经济中定位的模糊性。不仅路线及费用由公司决定，未达到优步规定服务水准的司机还会被施以严厉的处罚等，司机的自主性被剥夺，许多人认为，这些所谓的独立接单者，理应享受正式员工的待遇。2016 年，伦敦法院下达了支持司机诉求的判决。同样是在 2016 年，美国加利福尼亚州和马萨诸塞州做出了要求优步向司机支付总额约 100 亿日元的和解金的判决，这些都对优步造成了严重的不利影响。

截至 2017 年 11 月，优步的服务已经遍布了全球 632 个城市。2017年,优步自创立以来首次公开了财务状况[16],其中,2016年的交易额为200亿美元,净销售额65亿美元,出现了28亿美元的调整后亏损。

优步于2015年推出了按需配送外卖的UBER EATS服务。用户可通过手机APP选择餐厅和菜品,UBER EATS的配送员将骑自行车或助动车前往餐厅取餐,配送至指定地址。借助APP,用户可实时掌握配送员的具体位置。《金融时报》指出,UBER EATS的业绩自创立以来就一路飙升,在作为主业的网约车服务备受打击的背景下,UBER EATS在2017年第2季度为整个公司贡献了十分之一的交易额[17]。

3. Washio(按需代洗服务)

这是2013年在美国洛杉矶创立的按需代洗服务。该服务主要面向居住在市区,平时使用投币洗衣服务的人群。该公司没有任何洗衣设备,在智能手机APP上,将服务使用者、洗衣店、按需配送员(负责收取和送还衣物)三者联系起来(衣物分拣由Washio的员工负责进行)。按需配送员被称为"忍者"。用户可指定衣物的收取时间和送还时间,该公司号称可在24小时内送还衣物,并能在申请后的30分钟内收取衣物。通过APP,用户还可以详细指定洗涤剂的种类及洗涤方法。在费用方面,配送费5.99美元,每一磅(约450克)衣物收费2.15美元,若需其他附加服务,将累计相应费用。

在全盛时期,Washio的事业版图曾一度扩张到美国国内的波士顿、洛杉矶、芝加哥、旧金山、奥克兰、纽约、华盛顿等7大城市,被誉为"洗衣行业的优步",后因资金周转恶化，在 2016 年宣布关停。究其原因，洗衣究竟是否需要这么高的迅速性、按需性本身就引人质疑（实际上，Washio 以外的按需代洗服务公司也接连倒闭了[18]）。此外还有人指出，该模式低估了细致分拣作业所需的劳动力，承担了洗衣店不承担的收取／配送费用，与传统洗衣店相比，在成本上几乎没有优势等。

根据波特斯曼的定义，可总结出如表 4-2 所示的分类。这 4 类经济模式间存在着重叠之处，我们加粗了其中的关键点，以作强调。本书将这 4 类经济模式全部视作广义的共享经济。在全球大部分被称为共享经济的服务，与其说是符合上述 4 类中某一类的特征，其实更倾向于同时具备多种共享经济的特点，出现一定的跨分类交叉。

表 4-2 广义的共享经济

分 类	定 义
（狭义的）共享经济	通过免费或收费的形式，**直接从个人／不同企业共享使用频率不高的资产**的经济体系
协同型经济	一种在分散式网络／市场基础上发挥功能的经济体系，**在规避传统中间商的同时**，通过对接需求与资产保有者的方式，释放低使用率资产的价值
协同消费	**通过技术**，对租赁、借贷、交换、共享、以物易物、赠予等**传统经济行为进行革新**的机制，相应的手法与规模在互联网时代之前是不可能实现的
按需服务	直接对接顾客需求与提供者，**瞬时提供商品及服务**的平台

如果要对该定义进行补充的话，共享经济中共享的资产其实并不仅限于有形资产，个人具备的技能等无形资产同样是共享的对象（实际上技能共享公司也已经存在）。在此之上，还有通过同时共享有形资产和无形资产来提供"体验"的企业。美国CRUSHPAD公司，为身为葡萄酒爱好者的会员提供葡萄酒生产器具及技术知识的"共享"服务，让会员能够自行酿造葡萄酒。会员将来到葡萄酒庄园，在听取专家建议的同时，进行榨汁、熟成、灌装操作。还可以通过CRUSHPAD的网站，销售自己制造的自有品牌葡萄酒。个人要想拥有葡萄酒庄园或葡萄酒酿造设备，不仅需要投入巨额资金，最根本的问题还在于没有相关的技术知识。但是通过CRUSHPAD，这些并非专家的人们却能够得到酿造自有品牌葡萄酒的"体验"[19]。

共享经济的优势／劣势领域

我们已经将（狭义的）共享经济定义为"直接从个人／不同企业，共享使用频率不高的资产"的体系。但实际上，并非所有资产都适用于共享经济，根据资产的特征，共享经济也存在优势／劣势领域。

丽莎·甘斯基用横轴表示资产的价值，用纵轴表示资产的使用频率，认为右下角领域与共享经济的契合度最高（图4-1），也就是高价值、低使用频率的资产。需要注意的是，即使是同一资产，也可能会因使用频率的差异而被归入不同象限。以住宅为例,如果一整年都住在某一住宅中,该住宅就属于右上象限,而如果换作全年只使用一周的别墅,就会被归入右下象限。

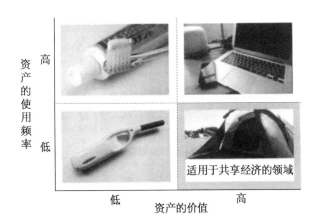

图 4-1 资产的 4 种分类及适用于共享经济的领域

资料来源:NRI 根据丽莎·甘斯基《聚联网》(德间书店,2011 年)绘制。

纽约大学的阿鲁·萨丹拉彻则进一步扩充了这一框架,提出"顾客特定性(定制度的高低)""必要熟练度"也会影响资产与共享经济的契合度[20]。个人定制度高的资产(例:定做的婚纱)难以共享。还有需要花时间才能学会使用的商品(例:吉他),比起共享,始终留在身边的需求会更强。

消费的高效性／充足性

共享经济是为消费带来变革的体系。首先，让我们先来思考一下"消费效率性"的概念。20世纪上半叶，以福特制、泰罗制浪潮为契机，"生产率"（productivity）的概念应运而生，掀起了一场生产率革命。那么相对的，可以认为共享经济在消费领域引进了类似于效率性的概念。

消费的效率性可以从两个角度进行思考。其一是基于资产、服务视角的观点。以汽车为例，就是其使用率的高低。一周累计只用2小时，抑或是通过共享实现了每周50小时的使用，通过此视角能够客观地把握使用率的高低。

但是，消费的效率性还包含着另一层含义，就是基于消费者视角的观点。换言之，对应于自己花费的时间及费用，究竟能够得到多少消费者剩余，就是在此意义上的效率性。可正如前文所述，消费者剩余是一种主观性概念，比起效率性，用充足性来评价或许更合适。消费的充足性，就是让自身在活动中投入的单位时间（或费用），能够换取更高消费者剩余的尝试。生产率是以投入的时间、费用为分母，产出的附加价值为分子的比率，而消费的充足性（效率性）则是以投入时间、费用为分母，产出的消费者剩余为分子的比率。如果说20世纪是生产革命的时代，那么21世纪的现代社会或许就是消费革命的时代。进一步来说，此前本书都沿用传统经济学的说法，使用了"消费""消费者""消费者剩余"等名词,但实际上,共享经济的价值观已经从"消费"转变成了"使用",消费革命从结果上降低了"消费"这一名词的重要性,提高了"使用""使用者(用户)""使用者(用户)剩余"等名词的重要性。

在这里,我们想将话题扯远一些,谈谈经济学中"多样性偏好"(love of variety)的概念。简言之,就是选项越多,消费者的满意度越高。获得诺贝尔经济学奖的保罗·克鲁格曼将这一概念引入了贸易理论,从理论上说明了为什么即使是同类产品(例:汽车),也会在各国间发生多样化的产品群贸易[21]。在此前的贸易理论中,认为两国间的贸易模式取决于各国技术实力及经济资源(资本、劳动力等)的差异,而克鲁格曼则说明了无法仅用该理论来解释的现实贸易模式。在现实中,即使是在功能、价格方面都并不具备明显竞争力的外国产品,也会有一定的进口量。多样性偏好的概念恰好能够解释这一点。

从某种意义上来说,共享经济的发展,抑或是从保有到使用的价值观转变,都是多样性偏好在整个消费领域的体现。选项更多,多数情况下的便捷性与保有时并无差异,费用更低,还有利于环保,这样的条件必定会提高消费的充足性。

资本主义与共享经济

下面就让我们透过资本主义的镜头,分析一下共享经济。

通过前面列举的共享经济案例能够发现,大部分服务都处于"发现、利用、创造差异"的资本主义定义范畴之内。通过共享闲置资产来获取利润、积累资本的商业模式,具有借贷资本主义的特征。借贷资本主义,是在急需用钱却没有钱的人,和目前有钱却将其闲置的人之间进行中介,借此获取利润的机制,将钱换成"汽车""住宿空间",就成为了共享经济的运行机制。

金钱是适用于多种用途的普遍的交换媒介。相比之下,共享经济的不同点则在于,直接交换特定的资产或服务。不过,目前优步、爱彼迎等企业提供的大部分共享经济,在作为数字资本主义萌芽机制的同时,又具备了资本主义第一阶段的商业、借贷资本主义的特征。

不过,共享经济的特殊性还不止于此。以刚才我们在协同消费案例中介绍的 FreeCycle 网为例,如果说不伴随货币积累的单纯赠予型服务及物物交换服务同样属于共享经济的范畴,那么共享经济就同时具备了不同于资本主义的特征。

文化评论家杰里米·里夫金在论述资本主义和共享经济的关系时,将资本主义称为父母,共享经济称为孩子,认为身为父母的资本主义可能会吸收、控制作为孩子的共享经济,或将其转变为其他形态,也有可能会互相竞争[22]。

用什么来衡量共享经济的规模

那么,共享经济究竟已经实现了何种程度的经济渗透呢?

实际上，这个问题很难回答。首先是因为定义不明确，对共享经济范畴的界定尚未达成共识。第二个难点在于，即便确定了定义，由于大部分共享经济企业都不是上市公司，难以获得经营相关的信息。而第三个问题才是最为关键的，我们难以找到能够用来衡量共享经济规模的指标。这一点与资本主义由工业资本主义向数字资本主义的机制转变也存在关联。换言之，工业资本主义时代的指标（销售额、GDP），从根本上来说，并不能有效评估共享经济的活动规模。现将相关理由说明如下。

假设我们已经获取了共享经济企业（平台运营方）的销售额数据，通过合计各企业销售额来计算共享经济市场规模的方式，并不正确。下面就以P2P汽车共享业务（例：Turo）为例，思考其中的理由。在此假设存在平台运营方（Turo）、车辆出租方（用户A）、车辆承租方（用户B）三方。首先，该服务产生的金钱价值，包括计入平台企业销售额的部分和用户A通过出借车辆获得的收入。该合计值就相当于在第3章中介绍过的生产者剩余。共享经济中，平台企业和用户共同产出生产者剩余，再进行分配。这与工业资本主义的生产机制存在着根本上的差异。工业资本主义的基础是由生产者独立产出生产者剩余（与其他企业合作产出的生产者剩余，也是属于两个生产者的生产者剩余）。而在共享经济中，平台运营方（生产者）与部分用户（消费者）合作产出了生产者剩余（图4-2）。

在平台业务中，这样的参与者集体被称为"边"。像Turo这种有两类用户（车辆出租方和承租方）使用的平台，被称为双边平台，而像Instacart这种有三类用户（食品零售商、配送司机、订购食品的消费者）存在的平台，则被称为三边平台[23]。

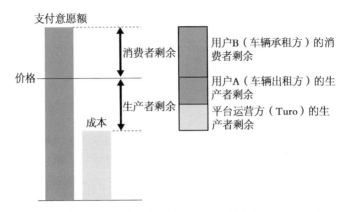

图 4-2　共享经济的生产者剩余 / 消费者剩余（以 Turo 为例）

资料来源：NRI。

其中的架构并非平台企业独立产出生产者剩余，"边"获取消费者剩余这么简单，产出生产者剩余的一边与获得消费者剩余的一边，相互交织在一起。之前也已经说过，在共享经济的影响下，价值观从消费转变成了使用，而在评价共享经济的价值时，还可以进一步细分为"使用者（用户）剩余"和"平台运营方剩余"。

无论如何，光看重共享经济企业（平台运营方）的财务状况，都是无法正确、全面掌握服务所带来的所有价值的。

此外，如果将诸如协同消费案例中介绍的 FreeCycle 这种根本就不发生金钱交易的赠予经济机制，也纳入共享经济的范畴，那么其中产出的价值，就全部是消费者剩余了。萨丹拉彻认为，共享经济是一种横跨市场经济与赠予经济的机制[24]，从这层意义上来看，在第 3 章中介绍过的生产者剩余与消费者剩余的总和，即总剩余（虽然在技术上难度很大）才是全面衡量共享经济产出价值的理想概念。

对现有玩家的影响

在第 3 章中，我们初步了解了数字音乐发行企业带来的数字颠覆，而共享经济企业同样可能会对传统企业造成颠覆性的影响。

爱彼迎为消费者提供了很大的选择余地，虽然也具有在酒店客满时提供备选项的作用，但在多数情况下，它与现有酒店呈现出的是竞争关系。纽约市酒店协会曾在 2015 年 10 月发布了题为"爱彼迎对纽约市住宿市场及经济的影响"的报告[25]。报告指出，在 2014 年 9 月到 2015 年 8 月的 1 年内，爱彼迎的存在对纽约市的经济造成了 21 亿美元的负面影响。其中不仅包括现有酒店企业的机会损失，还有周边行业（食品、饮料、建筑）领域的机会损失,甚至还包括了由此造成的税收损失等。

作为受到直接威胁的酒店协会所发布的报告，爱彼迎对经济造成的冲击可能在一定程度上遭到了夸大。爱彼迎提供备选项的作用似乎也没有在报告中体现出来。具体来说，即使是在旅游旺季，现有酒店都已无房可供的情况下，只要游客能够通过爱彼迎的房源解决在纽约市内的住宿问题，他们就依旧能够前往纽约旅游，并通过各类支出，为纽约市的经济做出贡献。在爱彼迎平台之外，在有民宿需求的景区，也会有更多的投资家购买房产，改建并出租给游客，产生拉动该地区房价的间接效果。换言之，爱彼迎的出现虽然会对直接竞争的酒店行业造成负面影响，同时也能对宏观经济整体造成复杂多元的利弊影响，很难一概而论。

那么，优步等拼车服务对出租车行业又造成了怎样的影响呢？首当其冲的影响就是美国出租车执照（也称为"勋章"）的市场价格发生了剧烈下跌。美国的出租车行业严格限制执照数量，因此出租车司机的数量不会增长，勋章的交易价格在2013年前一直保持持续上涨。但是，不需要勋章的拼车服务的登场，使得勋章的价格发生了暴跌。以纽约市为例，2013年峰值价格达100万美元的勋章，到2015年已经跌到了65万美元。出租车用户数也越来越少。2012—2014年，纽约市的出租车用户数量减少了8%。旧金山市更是受到了巨大的影响，在此期间的出租车用户数锐减了65%[26]。

对酒店、出租车等现有企业而言，无需为各类管控付出后续成本（例:安全性标准）的共享企业，就好像是违规抢跑了一样，而作为竞争对手，共享企业最可怕的地方就在于其体量上限及竞争平台的不可预见性。以酒店为例，常规的竞争情形就是，例如作为竞争对手的酒店企业在附近修建了客房数达500间的"看得见的"酒店。此时，竞争对手的体量直观可见，通过地理位置、酒店品质，以及所属的酒店集团等信息，能够预测出大致的价格水平及服务水准。面对这种"看得见的"竞争对手，能够方便地制定对策。但是，对于爱彼迎这种房源分散、无法预测上限数量、价格和服务水准也千差万别的"无形的"竞争对手，酒店完全找不到应对之策，最终只能依靠游说政府来进行干预。

从拥有产权到分享使用权——共享经济的诞生

消费者剩余的增长

萨丹拉彻对 P2P 汽车租赁服务对美国经济的影响进行了系统的分析[27]。研究结果表明，虽然 P2P 汽车租赁的确促进了汽车保有的减量化，但低收入人群受到的影响要大于高收入人群。受汽车减持的影响，新车和二手车的市场价格都有所下滑，其中二手车市场的降价幅度更大。换言之，无论从哪个角度来看，生产者剩余都减少了。另一方面，消费者剩余则以全年数百亿美元的规模飞速增长，尤其是让低收入人群感到了实惠。从 2014 年旧金山地区通过 Getaround（注：P2P 汽车租赁服务之一）开展汽车租赁的情况来看，其用户主要集中在低收入区域[28]。

芝加哥大学的史蒂芬·列维特团队对优步产出的消费者剩余进行了推算[29]。根据他们的推算结果，优步用户每支付 1 美元，就会产生 1.6 美元的消费者剩余。2015 年，优步 X（轿车型汽车服务）在全美共计产出了 68 亿美元的消费者剩余。

综上所述，共享经济具有增加消费者剩余的效果，即便最终总剩余增长，通过 GDP 体现的生产者剩余也存在受到挤压的倾向。

机会均等化正在推进

托马斯·皮凯蒂曾在《21世纪资本论》中写道,从长远来看,资本的收益率将超出经济增长率,这一差异会使资本持有者更加富有,贫富差距不断拉大。萨丹拉彻则认为,根据不同的"资本范畴",这个问题的结果或许会发生变化。具体来说,将金融资产视为对象时,差距或许的确会越来越大,而如果将共享经济中的资产,也就是闲置的车辆、房屋,以及自身技能视为资本时,将会得到不一样的答案。共享经济在我们面前展现的是,让没有任何金融资产的个人也能依靠创意,通过众筹募集资金,利用自身技能作为资本来创造价值的世界。机会,抑或是使用权的平等化,正在急速推进着[30]。第2章中,我们曾指出资本主义与民主主义正在出现对立,而共享经济或许能够通过推进机会、使用权平等化的方式,缓和这种对立。

我们也可以认为,共享经济是一种"无形的"基础设施,是提高国民福利、促进国民经济发展的必要平台。

以爱彼迎为例,在2012年美国遭受飓风桑迪袭击时,爱彼迎推出了"Open Homes项目",由当地的房主向受灾民众及志愿者免费提供避难所。截至2017年11月,该项目已累计提供70余次服务,在2017年8月飓风"哈维"袭击得克萨斯州与路易斯安那州期间,有1000多栋房屋的房主将住宅开放为免费避难所。这是共享经济作为"无形"基础设施，通过弥补现有实体基础设施不足，提高使用可能性的典型案例。

"从拥有产权到分享使用权"的消费观念转变

下面我们需要将视线转向共享服务普及背后的消费者意识转变。此处主要研究日本消费者。从长期来看，日本消费者对"保有"物品本身的主观意愿呈现不断降低的趋势，消费者的价值观正在逐渐发生"从拥有产权到分享使用权"的转变。换言之，近年来正有越来越多的人开始注重使用的价值，只要能用，并不一定要买新的，借用或购买二手产品都可以。

我们对比了1985年和NRI"万人问卷调查"的结果，发现1985年的40岁以上年龄组中，对租赁及租借感到抵触的人数较多，而到了2012年，对租赁及租借不感到抵触的40岁以上人群在该年龄组中的比例大大增加（图4-3）。1985年的30—39岁年龄组在经过近30年后的2012年，成为了60—69岁年龄组，对租赁及租借的抵触感也并未增强，因此在老龄组中不感到抵触的人群也开始占据一定的比例。通过对比2012年和2015年的数据可以发现，除了15—19岁年龄组之外，所有年龄组对租赁及租借的抵触感都进一步减弱了。

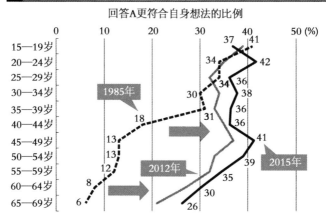

图 4-3 对租赁及租借抵触感的变化

注:1985 年的调查是通过访问留置法,以日本全国 15—70 岁男女个人为对象开展的(回收问卷数 1 074 份),2012 年、2015 年的调查,则是通过访问留置法,以日本全国 15—79 岁男女个人为对象开展的(回收问卷数分别为 1 万零 348 份和 1 万零 316 份)。

资料来源:NRI"居民问卷调查"(1985 年)、NRI"万人问卷调查"(2012 年、2015 年)。

汽车共享服务的普及

近年来,在汽车行业出现了对以年轻人为主的消费者"汽车减持"的担忧,危机感越来越强。有研究称,在 20 世纪 80 年代到 21 世纪初出生的人群(在 21 世纪第一个十年后成年或迈入社会的一代人,在美国被称为"千禧一代"),在更重视环境问题、节能、人际关系的背景下,对汽车共享拥有更高的意向。

我们对比了日本消费者对"能否接受用租赁或共享车辆代替购买"的回答,发现相较于 2009 年 54.8% 的受访者选择购买("想要购买"和"倾向于购买"的合计)的结果,2017 年选择购买的比例大幅减少到了 38.0%。分不同年龄段来看,主要是 20—39 岁年龄组中选择购买的比例减少,这也间接证明了年轻人汽车减持的事实(图 4-4)。

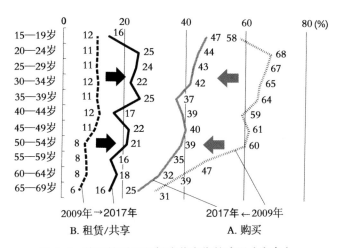

图 4-4 能否接受用租赁或共享代替购买(汽车)

注:"A. 购买"是回答"想要购买"和"倾向于购买"的人数合计,"B. 租赁/共享"是回答"可以租赁/共享"和"偏向于租赁/共享"的人数合计。

2009 年的调查是通过访问留置法,以日本全国 15—69 岁男女个人为对象开展的(回收问卷数 1 万零 252 份),2017 年的调查则是通过网络,以日本全国 15—69 岁男女个人为对象开展的(回收问卷数 3 143 份),两者的调查方法不同,必须加以留意。

资料来源:NRI"万人问卷调查"(2009 年)、NRI"居民网络调查"(2017 年)。

对于保有成本相对较高的汽车，可进行"租借"使用的租车实现了普及。但是，租车是为了让不特定多数人长时间（基本都在半天以上）用车而诞生的机制，汽车共享则能够仅面向已注册成为会员的人群，满足短时间（最短 15 分钟）的用车需求，可用于前往附近购物。

在日本，由停车场龙头企业 Park24 运营的汽车共享服务"Times Car PLUS"在 2017 年 12 月（该公司月度速报值）公布了数据，该公司在日本全国共拥有 2 万零 284 辆汽车、1 万零 219 座车站，以及 92 万 8 808 名会员，如今汽车共享服务正变得越来越常见。晴天骑自行车上下班，雨天则只需花上数百日元，使用 15 分钟的共享汽车前往地铁站，和坐公交车并没有什么区别。考虑到雨天公交车易晚点，还必须忍受在雨中等车的压力，使用汽车共享服务前往地铁站，应该能创造更大的时间价值。

在汽车领域，过去那种"将来一定要买皇冠"等将购买更高端车型作为象征，来展现、感受自身进步及生活水平提升的消费意识及行为正在减少。

使用经验多、使用意向高的跳蚤市场 APP

通过研究受访者对当前各类共享服务认知度、使用经验及今后使用意向的回答，会发现"能通过智能手机发布、购买商品的跳蚤市场 APP（Mercari、Frill、LINE MALL 等）"的结果值最高（图 4-5）。

从拥有产权到分享使用权——共享经济的诞生

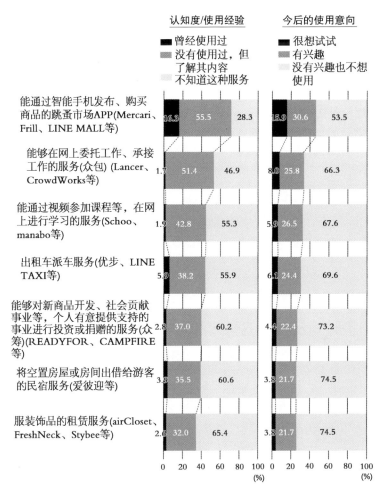

图 4-5 共享服务的使用经验和使用意向

注:通过网络,以日本全国 15—69 岁男女个人为对象开展的调查(回收问卷数 1 074 份)。图中的数值(%)经过四舍五入,合计值可能不等于 100%。

资料来源:NRI"居民网络调查"(2017 年)。

在 1999 年开始提供服务的"雅虎拍卖！"（1999 年名为 Yahoo! 拍卖，2013 年更名为"雅虎拍卖！"）上，设有可对网上拍卖的卖家进行评价的机制。评价的内容将向所有用户公开，并成为与该卖家进行交易时的重要信息。2013 年登场的"Mercari"作为智能手机专用的跳蚤市场 APP，通过简化功能，实现了飞速成长，同样能够一目了然地查看对卖家的评价情况。在选择商品时，可以认为好评卖家提供的商品更有保障，发布商品信息（有瑕疵及污垢时也进行准确告知），则可提高买家对卖家的信任度。虽然网上的买卖双方看不见对方，相互之间也并不认识，但类似于实体店所提供的"安心感"的效果，可通过 Mercari 等网上平台上显示的用户评价来实现。

空余时间及技能的有效利用

排名第二的共享服务，是具有高认知度、使用经验及今后使用意愿的"能够在网上委托工作、承接工作的服务（众包）（Lancer、CrowdWorks 等）"。

这是一种摸索多样化工作方式，在有意利用空闲时间工作、拓展副业的就业者（以主妇和老年人为中心），和想要以低成本便捷委托工作的委托方之间搭建桥梁的服务，已有越来越多的人开始使用。该服务共享的内容，是人们的空闲时间及技能。尤其在近年来推进工作方式改革、劳动力不足的社会形势下，使用"众包（由委托方通过网站等途径招募有工作需求的个人）"服务，向不特定多数个人委派工作的企业正在增多。

同时，能够以更低价格交易个人特长技能的技能类 C to C 网站也在不断成长。于 2013 年开始提供服务的"coconala"，在刚起步时只需一律支付 500 日元（不含税），就能轻松地使用服务，据说现在已拥有了 70 万会员。说起提供技能服务，可能会让人联想到资料制作、市场调查、文案/图标/插画设计等商业用途，不过在 coconala，周易占卜、收集制作适合聚会的店家名单等私人用途也很常见。想要知道"合适的土特产""新宿地区适合聚会的店家"时，如果通过网上检索难以找到心仪的答案，可以通过咨询精通相关内容的人，获取有效的建议。

技能提供者使用这项共享服务的好处在于，不受时间和地点的限制，能够按照自己的节奏工作。而共享服务推出的用户评价制度，则能够成为促使技能提供方锻炼能力、磨练技能的良好推动力。据说，通过在 coconala 平台上累积经验，正式成为自由职业者的个人正在不断增多，从 2018 年 2 月起，coconala 还将推出一项全新的"PRO（专家）认证制度"。除了 coconala 平台上的评价之外，还将全面审核获奖经历、保密口碑等项目，对认证者实施价格分级管理，最低定价 3 万日元（不含税）。

对技能购买方而言，好处也同样很多，例如能够通过接触多种技能持有者，找到并委托更合适的技能持有者完成工作，网上交流不受地点限制，无需长期雇用，只需在有需求时委托必要的工作量等等。

正在不断疏远的传统人际关系

作为共享服务普及的背景之一，日本社会传统信赖关系弱化，以及寻求新型人际关系和集体的趋势正在加强。弗朗西斯·福山曾在著作《无"信"而不立》[31]中写道，日本战后经济发展的主要原因之一，就是建立起信赖关系的地区、企业等"中间集团"的强固性。而这些中间集团的信赖关系，支撑传统日本社会的规范、权威等原有准则，如今都在发生动摇。

根据NRI"万人问卷调查"的结果，从就业意识中1997—2015年变化最大的项目（回答"这样认为"和"偏向于这样认为"的人数合计）来看，选择"比起公司和工作，我更重视自己和家庭"的人数比例从65.2%大幅提升到了73.0%。分就业者的性别、年龄来看这个结果，会发现男女的支持比例均有所增长，10—49岁女性支持者超八成，20—49岁男性支持者超七成。

此外，支持"我工作的目的是为了让公司发展"的人数比例，从1997年的60.0%降低到了2015年的52.2%。对于自己工作的公司，像过去那样"舍己为公"、为公司鞠躬尽瘁的思想倾向逐渐减弱，人们更倾向于优先家庭、自身生活等，过去那种职场的强烈牵绊正在弱化。

NRI认为，两代人以步行可达的距离分居两处的"邻居"形态，以及采用交通手段能够在单程1小时内到达的"近居"

形态,是一种能够在保持平稳关系的同时,从经济和精神上相互依扶的家庭形态,并将其命名为"隐形家庭"。从1997年起,伴随着人口较多的聚居区年轻人的结婚生子,"隐形家庭"开始增多,根据NRI"万人问卷调查"的结果,在2015年已有配偶且父母健在的人群中,采取这种家庭形态的人数超过一半,占比达54%。在传统区域社会人际关系弱化的同时,出现了依靠家人间的平稳联系,在育儿、家务、护理等方面相互依扶的趋势。

在一直以来都相当坚固的个人与区域及企业间人际关系、关联性减弱的同时,对新型人际关系及集体的需求正在产生,我们可以认为,共享服务利用IT满足了这样的需求。

对合租模式下新型人际关系的摸索

在居住方式的倾向性上,也能发现寻求新型人际关系的动向。在所有性别及年龄的人群中,"认为一辈子租房住也没关系"的人数正在增多,过去那种对自有住房的强烈意愿正在降低。只要不再执意追求自有住房,就能够根据人生的不同阶段,灵活地选择既有住宅购买、租赁、合租等各种居住形态。在房屋剩余的时代,需要有效利用现有资源,提供更加多元化的居住选择。

由多人共享一套房屋、共同生活的形态被称为"合租",近年来再次开始受到关注。过去,出于经济上的考虑,许多年轻人都会选择合租，近年来，合租的目的逐渐转变成了"寻求新的邂逅"，市场上还出现了以育儿、高尔夫等共通兴趣点为卖点的合租房源。

此外，老年人与年轻人组成公共社区的合租形式也出现了。"JSB"希望依托学生公寓成长为一家共生创造型企业，提供学生公寓与老年公寓一体化的新型住宅。公寓的低层是老年公寓、高层是学生公寓，学生志愿者在为老年人提供护理帮扶的同时，能够用志愿者补助抵充学生公寓部分的管理费。对老年人和学生而言，这不仅构建起了一种双赢的关系，还孕育出了不同年龄层之间的日常交流，可以形成富有活力的社区。

智能手机、SNS 的普及推波助澜

在上述各类共享服务得到使用的背后，存在着摸索新型人际关系的意识转变。而进一步为此提供助力的，正是智能手机的普及，以及 Facebook、Twitter、LINE 等 SNS 的用户增长。

原本，书籍、游戏、CD、饰品、汽车之类的物件，只会在家人和亲近的友人之间进行频繁的借用。因为互相知根知底，了解对方拥有的物品和借物礼仪（不会弄脏、不会粗暴使用等），自然能够更加方便地相互借用。

但是，在并不相熟的普通朋友甚至陌生人之间，并不清楚对方拥有什么，也不知道该如何交换，因此，应该有很多人都不会轻易借用。但是，随着智能手机的普及，消费者不仅可以轻松地利用网络，还能便捷地使用租赁、跳蚤市场 APP 等服务，个人所有物的信息交换得到了推进，借用者和出借者能够更加方便地实现对接。在网络空间中，人们不必建设店铺等经营场所，任何人都能简单地成为卖家。

SNS 之类的社交媒体，可以方便地用来维系与志趣相投的伙伴、团体之间的关系，能够促成小规模、网格化范围内伙伴间的交换及交易。

再循环、再利用让企业与消费者的关系更趋多样化

"从拥有产权到分享使用权"的消费者价值观转变，以及寻求新型消费者人际关系、使用社交媒体的趋势，促进了共享服务的用户增长。从这种消费者价值观转变的趋势来看，今后个人交易市场存在进一步扩大的可能性。今后，企业的工作将不仅是提供全新的商品，作为二手商品的中介者，构建与消费者之间的关系，也会变得越来越重要。

例如，作为 CSR（企业社会责任）活动的一环，迅销公司从 2006 年开始面向优衣库、GU 的所有商品，开展再循环活动。对于迅销公司生产的结实耐穿的衣物，相信许多人在穿坏之前就已经不会再穿了。迅销公司从最大限度上发挥此类衣物的价值，将它们赠送给有需要的人们。

无印良品自 2010 年起，也参与了名为"FUKU—FUKU 项目"的旧衣物资源回收能源化企业协作项目。通过这项活动

（2017年更名为BRING项目），无印良品将门店售出商品的回收变成了一项常规工作。回收后的商品将通过再循环，再生为乙醇等能源，其中那些能够继续穿着的二手衣物，则将经过名为"蓝染"的二次印染，作为再利用商品，在"ReMUJI"的门店中出售。经过蓝染这种二次印染后，每一件衣物之间都会存在细微的色泽差异，在钟爱稀有品的消费者中引发了热潮。

这种由企业发起的再循环和再利用活动，不仅能吸引不喜欢"浪费"的消费者、想为社会做出贡献的消费者，以及对物品来源有所执着的消费者，还能让消费者也借此满足自身的需求，今后这种机制应该会实现进一步发展。

5

被数字化改变的经济课题

信息局限与市场失灵

在亚当·斯密始创的传统经济学中,我们探讨的核心是市场对资源稀缺如何发挥功能。换言之,就是在市场及价格机制的作用下,稀缺资源如何能够得到有效分配,调节供需关系的"无形的手"如何发挥作用。

相对地,从20世纪70年代开始,学术界围绕公害问题及信息制约等课题,开展了"市场如何失败"的研究。在此前经济理论假设的模型中,所有人都是在掌握"完全信息",也就是关于交易的所有信息的基础上做出决定的,但在现实社会中显然无法做到。市场的参与者(消费者、生产者、政府等)

拥有的信息量及内容存在差异，且没有任何一方能够拥有完全的信息。以这种信息不完全、信息量存在差异的世界为前提，学者们开始尝试构建全新的经济理论（例：博弈论、搜寻成本理论、逆向选择问题、委托代理问题等），并将信息制约因素融入到经济模型中。

社交网络数据的爆炸性增长

进入21世纪后，伴随着智能手机的普及、高速无线网络的扩大，将各类物件通过传感器及无线通信网连接到互联网上的IoT（物联网）世界正在逐步成形。有研究指出，现阶段全球连接物联网的设备约有80亿台（2016年），预计2020年将达到500亿台、2030年将达到1兆台。这些正是所谓的"无形的眼睛"（肉眼看不见的眼睛）。

人们通过Facebook、YouTube等平台产生的数据，被称为社交网络数据。其中不仅包括"点赞"这种本人有意输入的信息，还有位置信息等本人在无意识中提供的信息。安德雷斯·韦思岸认为，社交网络数据的量正在发生指数函数式的增长，2000年全年产生的数据量，如今只需一天就能产生，而到了2020年，更是可能在一小时以内产生[1]。数字数据的量正在发生指数函数式的增长（图5-1）。

数字数据的增加，具有缓解信息制约的效果。换言之，此前在不完全信息下，凭借臆测来行动的经济主体的行为，将会发生变化。信息制约的缓解，能够增加市场交易，对交易价格造成影响。下面将通过几个案例来进行说明。

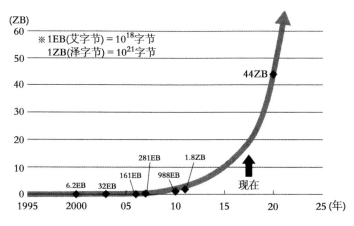

图 5-1　全球数字数据量的增加预测

资料来源：NRI 援引日本总务省《2015 年版 信息通信白皮书》数据绘制。

阿克洛夫的"柠檬"问题

在微观经济学中，存在名为"信息不对称"的概念。所谓信息不对称，就是在某场交易中，A 与 B 所保有的信息存在差异（不对称）的状态，其中的典型代表，就是商品卖家与买家之间的信息量差异，这会导致市场无法高效地发挥功能。比起买家，卖家更了解商品的信息，这种情况最常发生在二手商品的买卖中。在二手市场中，商品的质量千差万别。以二手车为例，外观精美、实际开起来却故障百出的缺陷车，是无法光靠肉眼来判断其质量的。

诺贝尔经济学奖得主乔治·阿克洛夫曾提出，在质量参差不齐的二手车市场中，如果卖家与买家之间存在信息不对称，就有可能出现一辆车都卖不掉，或者优质二手车难以成交，只有劣质缺陷车频频成交的现象。在英语中，"柠檬"（Lemon）代表缺陷车，阿克洛夫的"柠檬"问题，抑或是只有劣质缺陷车成交的现象，都属于与常规认知相反的结果，因此也被称为逆向选择问题。

柠檬问题的原理可以被这样理解。二手车的卖家（多人）对自己准备出售的二手车的质量水平具有正确的认知，而买家却并不了解每辆二手车的品质。卖家根据自己的车辆品质，设定了最低限度的出售价格（出售意愿价），买家也根据车辆品质，设定了最高愿意支付的支付意愿额。如果买家准确掌握了二手车的品质，并据此设定了支付意愿额，则只要该价格高于卖家的（作为最低出售价格的）出售意愿价，交易就能够成立。成交价格将处于双方的意愿价之间，卖家和买家都能获得剩余。

但当买家并不知道车辆的品质信息时，买家将通过二手车的价格及市场给出的二手车供应情况，逆向推测"质量的平均期待值"，判断是否购买。在此我们省去了复杂的数学计算，但实际上，即便买家的支付意愿额相当高，仍然会出现优质二手车滞销、劣质"柠檬"独霸市场的结果[2]。

回过头来看 AI、物联网时代的二手车市场，或许将来会发展成这样：除了车辆本身的历史信息之外，各部件的历史信息（修理史、更换史等）、磨损度、更换时期信息等各类数据均实现可视化，由 AI 计算出"推荐购买价格"并告知买家。这里的推荐购买价格，就是所谓的功能价值，再加上买家本人为车辆设定的情感价值，买家就可以决定是否实际购买。前者属于客观价值，后者则属于主观价值，就类似于在第 3 章中介绍的生产者剩余与消费者剩余的关系，抑或是计算股价时的 EPS（每股盈余）与 PER（市盈率）的关系。

如果说数字化发展真的能在一定程度上帮助缓解阿克洛夫的"柠檬"问题，那么二手车的交易数量与平均价格或许将有所提升。在第 3 章中，我们说明了数字化通过降低搜寻成本来压低价格的机制，其实数字化的发展还蕴含着抬高价格的机制，这一点还请多加留意。

道德风险问题

阿克洛夫的"柠檬"问题，是交易前买卖双方信息不对称时发生的问题，而交易后的信息不对称会造成的问题之一，是道德风险。在此以汽车保险为例。假设保险公司与投保人之间存在信息不对称。车辆司机的个体差异性很大，既有车技高超者，也有粗暴驾驶者，保险公司则并不知道每个人的驾驶特性。因此，保险公司只能依靠大致的属性信息（年龄、性别）来设定保险费用，相同属性的个人将适用同样的保险费率。

投保后，司机的驾驶行为可能会发生变化。稍微开得粗暴些，哪怕撞坏了也能让保险赔付修理，抑或是故意撞坏、骗取保险金，这种行为就被称为"道德风险"。对保险公司而言，如果无法对司机投保后的驾驶行为进行监控，就无从判断事故究竟是故意引发的，还是在谨慎驾驶时意外发生的。

作为回避道德风险的方法，保险公司可以仔细斟酌合同内容，抑制故意事故的发生。例如设置事故发生时的车主自付部分，或使等级降低从而上调第二年的保费等。但是最有效的方法，还是监控司机的驾驶情况。当司机本人知道驾驶情况会受到详细监控时，就会明白保险公司能够查明危险驾驶引发事故时的责任归属，可起到督促司机避免危险驾驶的作用。

而伴随着数字化的发展，实际上的确能够进行相当高精度的监控。以 SAISON 汽车火灾保险公司提供的"成人汽车保险"为例，公司会在车上安装名为"连接按钮"的小型装置，通过在智能手机上安装 APP，可以将驾驶信息存储为数字数据。存储的数据，包括每天的行驶距离、行驶路径、刹车次数、加速、方向盘操作、左右转向次数等。驾驶报告中会给出当日的成绩（驾驶综合评价）、环保驾驶度、危险行为次数等，成为了督促司机安全驾驶的机制。这样一来，司机与保险公司之间信息不对称的情况将会大大缓解。如果将这种服务向全社会推广，司机可以随身携带本人的"个人驾驶历史数据"，在通过车辆共享服务驾驶他人的车辆时，也能够根据过去的驾驶历史，对应不同的收费标准。

如果说随着数字化的发展，道德风险问题正在逐步得到一定程度上的缓解，我们应当将此视作在（保险公司）生产者剩余与（投保者）消费者剩余两方面的提升效果。

什么是数字资本主义时代的稀缺性

里夫金将数字时代的世界称为"零边际成本社会"。他所描绘的，是作为三大重要基础设施的通信、运输、能源，通过分散型的数字平台，实现零边际成本，也就是增加服务时的成本（几乎）为零的世界。边际成本为零，反过来说，就意味着会出现许多价格免费的情况。

但这并不意味着所有商品都能够以零边际成本进行复制。凯文·凯利提出了 8 种在数字时代无法复制的价值，人们必须为此支付金钱，包括："即时性""个性化""说明（例:免费软件的使用指南）""可靠性""可使用性""实体化（例:现场演唱会）""援助（例:打赏、布施）""可发现性（例:推荐本人喜好的电影的 Netflix）"[3]（图 5-2）。

对这 8 种价值进行总结,能够归为三大类,就是"时间""个性化要求"和"信赖"。即时性的意义显而易见，也就是为能够即时得到而支付金钱。而说明背后的动机,则是与其为研究使用方法浪费时间，不如花钱购买使用指南,寻求专业人士的帮助。为可使用性价值支付金钱后,能够节省必要的寻找时间，换取必定能使用对象物品的结果。可发现性则同时涉及时间和个性化要求这两大类价值，能够节省寻找喜好品所需的时间。

在数字平台上买卖时间的服务也正在产生。此前，出售时间的模式已经在律师等专业领域出现，如今则出现了能够

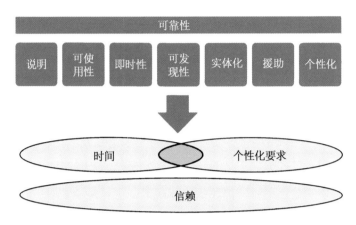

图 5-2　在数字时代，人们愿意为什么付出金钱

资料来源：图中的 8 种价值，是 NRI 根据凯文·凯利所著的《必然》（NHK 出版，2016 年）总结的。考虑到可靠性是所有价值的根基，因此将其横向拉长

让更多人买卖时间的数字平台。在日本，Time Bank、Time Ticket 等都是其中的典型代表。具体来说，就是能够以 30 分钟为单位（Time Ticket）或 10 秒为单位（Time Bank），购买在平台上注册的用户的时间。时间购买者可以从相应对象处获得建议，抑或是实际委托特定的工作。Time Bank 只允许网上影响力（评分）较高的个人注册成为会员。Time Ticket 则没有特设门槛，截至 2017 年 12 月，已有 8 万人注册成为会员。在 Time Bank 平台上，如果在购买某位注册者的时间后没有机会使用，可以将该时间转卖给第三方。

　　时间是有限（稀缺）的。而且从本人的个性化要求只能由本人产出的意义上讲，的确是稀缺的（复制他人的个性化要求也并不能满意）。而信赖是无法简单复制的，只能脚踏实地地逐步积累。"时间""个性化要求"和"信赖"在当今社会仍旧是稀缺价值，甚至在数字时代更显得弥足珍贵。

从"无形的手"到"无形的眼睛"，再到"无形的头脑"

在数字资本主义中，将会有更多的与"时间""个性化要求"相关的资产及服务被引入市场。套入资本主义的定义，就是从顾客的时间价值差异及个性化要求差异中获取利润。例如，在急需某种商品或服务的人，与现在并不需要相应商品或服务的人之间提供牵线搭桥的服务，从中获取利润；抑或是在原本只提供统一规格商品的市场中，通过为不同顾客进行大规模定制的方式来构成差异，进而获取利润。在这一过程中，来自顾客的信息输入的重要性变得越来越不可或缺，构建数字平台之类的全新尝试同样必不可少。关于这方面的内容，我们将在第7章中详细论述。

和商业资本主义、工业资本主义时代一样，"信赖"在数字资本主义时代的交易中，同样将起到不可或缺的润滑油的作用，但在数字资本主义时代，构建信赖的基础发生了变化。具体来说，是在被称为数字信托网格的体系中，依靠多对多的个人人际关系来构建信赖，详细内容将在第8章中进行介绍。

从制约的观点来看，在数字资本主义时代，时间制约将会受到空前的关注。在资源制约方面，"无形的手"将会实施资源的高效分配，信息制约则会由无数的传感器承担起"无形的眼睛"的功能，负责收集信息。那么，时间制约又应该如何解除呢？换言之，就是在数字时代，如何实现能够提升个人满意度的时间分配？AI或许能满足这一需求。让AI成为每个人的私人秘书，进行最合理的时间分配。换一种说法，就是让AI帮忙，将个人长期积累、作为隐性知识的"个性化要求"显性化[4]。与AI秘书相处的时间越长，即使不设定明确的条件，AI也越能有效做出合理安排，提高个人的满意度（换言之，就是实现消费者剩余最大化），例如与不同友人见面时的优先顺序、最合适的余暇活动、推荐约会地点等等。可以被视为"无形的头脑"的AI，能够帮助我们缓解时间制约。

6

从私有财产转变为公共财产、准公共财产

资产及服务的四大类别

在经济学中,可以从他人的"排他性"和消费"竞争性"这两个角度出发,将资产及服务分为四类(图6-1)。纵轴的排他性顾名思义,代表了某种资产及服务阻止他人使用的程度。横轴的(消费的)竞争性,代表了某种资产及服务是否允许多人同时对其进行消费,越是不能同时消费的资产及服务,竞争性就越高。

位于左上角的私有财产,同时具备较高的排他性和竞争

性。自有房产、私家车等基本都具备排他性,竞争性也较高（汽车的座位数限制了同时使用者的人数,而住宅如果是面积庞大的豪宅虽在物理条件上可实现多人同时居住,但少数人同时使用的情景较为普遍,因此竞争性高）。在此,请留意该定义中的私有财产,并不考虑法律上所有权的有无。

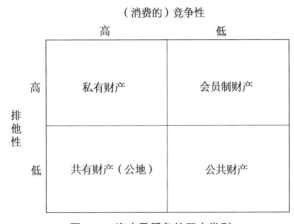

图6-1　资产及服务的四大类别

资料来源:NRI。

位于右下角的公共财产,排他性和竞争性都很低。符合该定位的例子为政府提供的国防服务。国防服务并不仅针对特定人群,而是以全体国民为对象（排他性低）,且国防服务能够供大批民众同时享受（竞争性低）。由此,该象限所属的对象,还可被称为纯公共财产。

位于左下角的共有财产（公地）,指的是排他性低,但竞争性高的财产。例如渔业资源、木材等,原本是所有人都可以使用的,但过度开采会让资源快速耗竭,即消费的竞争性较高,因此需要通过渔业权等方式刻意地提高排他性。道路、公园等通常被称为公共财产，同时也能被视为共有财产（公地）。从任何人都能使用的性质来看，排他性很低，但因受到容积的限制，又具有竞争性。道路及公园等容易发生因车流、人流量过大而限制使用的情况，因此与国防服务相比，竞争性较高。

最后，我们将右上角的象限称为会员制财产。会员制财产是高排他性、低竞争性的财产。例如有线电视，只有加入者才能使用（排他性高），同时又可供多人同时享受服务（竞争性低）。会员制财产与共有财产（公地）又被称为准公共财产。

扩充了私有财产领域的工业资本主义

圈地运动是 18 世纪工业革命发生的背景之一。所谓圈地运动，就是将原本作为共有土地使用的土地圈为己有，通过土地私有化，提高其生产率的行为[1]。工业革命史权威专家托马斯·S. 阿什顿认为，在共有土地上混居着自耕农、定期租地农、佃农等各类农民，其中的大部分都固执地使用传统耕作方法，即使想推进新的农法及轮作方式，也难以得到这些农民的认同。因此，通过圈地运动将土地所有权集中到少数人的手中，从而更易推进耕作方法改革[2]。换言之，就是通过提高原本属于共有财产的土地的排他性，实现了私有化。

而从共有土地上被赶走的农民，则流入城市成为了工业领域的重要劳动力。这也是圈地运动带来的重要影响。被迫离开土地的农民只剩下劳动力傍身,于是就形成了以自身劳动力为商品,交换货币的新机制。

1624年,英国制定颁布的"专卖条例",被称为近代专利权制度的原型,同样也可被视作为圈地运动的一种形式。该制度创立之初,几乎没有任何用武之地,而到了工业革命时期,则得到了许多发明家的使用。里夫金将专利权、著作权、商标权等知识产权的引进,称为"知识公地的圈地"[3]运动。他认为,共有财产(公地)的圈地,即私有化在各个领域都不断浮现,并且在现代社会中也仍在持续。例如,伴随着20世纪上半叶认可民间企业无线电带宽使用权而来的"频率带宽公地"圈地运动,20世纪下半叶由基因专利授权所引发的"基因公地"圈地运动。这种将共有土地、共有财产/知识圈为己有,进行私有化的行为,正是工业资本主义的特征之一。

进一步来说,在工业资本主义社会中,全新的私有财产正在通过创新不断孵化。例如原本乘坐马车出行的人们拥有了私家车,一向使用公共财产及共有财产的人们,乘着收入水平大幅提升的东风,不断添置了仅供自己使用的私有财产。这就是当时的趋势。

持续扩大公共财产、准公共财产领域的数字资本主义

数字资本主义正在逐渐改变这一动向。具体来说,正在

从私有财产转变为公共财产、准公共财产

从两个方面逐步扩大公共财产及准公共财产（共有财产、会员制财产）的领域。其一是通过数字化，降低了消费的竞争性。以实体书为例，当我在翻阅的期间，其他人是无法同时阅读我手中的这本书的[4]。而电子书则不同，允许多人同时点击此文件，并同时进行阅读，进而降低了竞争性。在此例中，原本位于左上方的纸质书，移动到了右上方会员制财产的领域中[5]。此外，收费的云服务，以特定行业、特定顾客为对象的物联网平台等，虽然排他性较高，但从能供多名用户同时使用的角度来看，属于低竞争性的会员制财产。

其二则是通过共享经济降低了排他性。所谓共享经济，就是由所有者有意识地降低纵轴的"排他性"，将左上方的私有财产（例：自有房产、私家车），转化为共有财产的行为。当然，其中还会涉及程度的问题，例如平时全家人共同居住的自有房屋，在一整年中，仅在暑假的一周期间提供给他人共享，那么其定位就仍然属于左上方私有财产的领域。而若将自身几乎不住的别墅，通过爱彼迎全年提供给陌生人共享，就能被视作共有财产化了[6]。

总的来说，就是原本属于私有财产领域的资产及服务，伴随着数字化进程，实现了消费竞争性降低（横轴向右移动），同时在以共享经济为代表的新型经济模式的作用下，原本排他性较高的资产及服务正在逐步向低排他性的方向发展（纵轴向下移动），诸如此类的变化正在逐步扩大公共财产、准公共财产领域的比例。如果说工业资本主义是通过扩大私有财产领域成长起来的，那么伴随着扩大公共财产和准公共财产领域实现发展的，就是数字资本主义（图6-2）。

数字资本主义

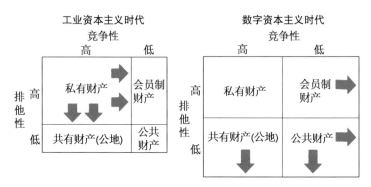

图 6-2　工业资本主义与数字资本主义中四大领域的示意图

资料来源：NRI。

此论点可以理解为，不同于第 3 章中所提及的消费者剩余存在感的提升的视角。换言之，一直以来都属于私人、主观领域的消费者活动，伴随着数字化的发展，借由公共财产、准公共财产的领域扩大，半强制性地实现了显性化。

由民间提供的公共财产和准公共财产

图 6-2 中并未涵盖四类财产是由谁提供的视角。大体上来说，在工业资本主义时代，存在着公共财产及准公共财产（共有财产和会员制财产）由政府、公益企业或类似合作社的组织提供，而私有财产是由民间企业提供的分界线[7]。而在数字资本主义时代，哪个主体是哪个领域的财产提供者的划分则较为模糊。以孵化共有财产的共享经济为例，共享自有房产及私

家车的提供者，可能是消费者或民间企业。而前文所述的以特定顾客为对象的云服务、物联网平台等，则具有由民间企业提供的会员制财产的特征。而亚马逊、乐天等企业提供的电商平台可供所有人使用（排他性低），并且可供多人同时使用（竞争性低），具备公共财产的特征。数字资本主义正不断扩充被称为公共财产和准公共财产的领域，而其中的原动力，恰恰来源于民间或是消费者。

在此需要重申的是，在数字资本主义时代，公共财产和准公共财产的领域的确得到了扩大，但这并不意味着私有财产制度受到了否定。反而应当认为，正是基于私有财产制，我们的选择才不断地得到了扩增。例如，即使通过爱彼迎、Turo共享自有房屋及私家车，所有者的所有权也不会消失，反而能够在维持所有权的同时，可由本人的自由意志，选择进行共有化，或再次进行私有化。由此可见，选择的余地正不断地扩大。

这是"公地悲剧"吗？

作为左下方领域的共有财产，又被称为公地（或公共池塘资源）。1968年，美国生物学家加勒特·哈丁在《科学》期刊上发表了一篇题为"公地悲剧"的论文。哈丁在这篇论文中指出，光靠亚当·斯密所说的"无形的手"，是无法自然解决人口爆炸问题的。他以共有土地（公地）上的放牧行为为例，论证了自由放任措施的无效性。

为了实现收入最大化，牧牛人会考虑如何在共有土地上放牧更多的牛。每增加放牧一头牛，收入就会随之增加。而另一方面，虽然明知增加放牧数会加剧共有土地的草量下降，但由于这部分成本是由所有放牧者共同承担的，实际上自己只需要承担其中的一小部分。这导致了所有放牧者据此采取自认为最合理的牧牛行为，即所有放牧者都决定尽可能多地养牛放牧，最终导致了共有土地彻底荒废的结果。哈丁从公地问题出发，认为根据其中内含的思维逻辑，必然会引发悲剧。

　　哈丁将该理论进一步深化，提出在美国国立公园也正在发生同样的现象，入园者越多，国立公园的价值被侵蚀得越快。他警告称，国立公园的价值终将彻底归零。而要避免这一后果，就必须将公园出售给民间，将其转变为私有土地，抑或是作为公共土地实施管理，但必须通过某种机制[8]分配入园的权利。

公地仍发挥功能

　　针对哈丁的理论，获得诺贝尔经济学奖的埃莉诺·奥斯特罗姆则认为公地并不一定会以悲剧收场，自古以来就存在着独立于民间及政府之外的第三种管理方法，而此方式正在发挥功能。这种方法，就是由团体成员开展的自主管理。早在15世纪瑞士小镇格吕耶尔针对放牧地及森林管理等缔结的协定，以及日本江户时代的森林管理方法等为相关代表案例。

从私有财产转变为公共财产、准公共财产

在日本，公寓管理公会、区域自治会等，由团体成员自主制定并运营共有财产相关规则（垃圾回收、公寓公用部分、公园等的管理方法等），都属于该管理方法的典型案例，我们可以借此充分理解奥斯特罗姆的理论。由此我们也可以看出，正是日本这种高人口密度社会，才更倾向于尽早着手通过各类举措来避免"公地悲剧"的发生。

而现实社会则处于哈丁理论与奥斯特罗姆理论之间。也就是说，虽然公地并不会陷入100%的悲剧，却也并不一定能够在团体成员的自主管理之下，100%地发挥功能。实际上，在人口减少、老龄化不断加剧的日本，比起过度使用，森林田地的使用率过低反而成为了问题（例：因得不到养护而荒废），此外将森林田地资源用于休闲娱乐目的的团体的增加，也造成了哈丁和奥斯特罗姆都没有预想到的情境[9]。

既非国家主导亦非民间（市场）主导的治理模式

至此，我们一直将排他性低、消费竞争性高的资产及服务称为公地，现在让我们扩展这一概念，将由团体成员以自主管理方式运营的资产及服务，都称为"公地"。这就是从治理模式出发定义的公地。

在工业资本主义时代，资产及服务的具体提供及运营管理方式，会在两种势力之间引发对立。在PART Ⅰ中我们也已经介绍过，这是一种由国家来实施，还是由民间来实施的二项对立。而奥斯特罗姆则指出，其实还存在另一种不同的治理模式。

公地方式是既非国家主导也非民间（市场）主导的第三种治理模式，但是从历史上来看，其实它更应该被称为第一种管理模式。换言之，从国家和市场都尚未诞生，仅存在共同体的原始社会开始，类似于公地方式的治理模式或许就已经存在了[10]。

在现代社会中，也依旧存在类似合作社的公地方式。成立于1895年的国际合作社联盟（ICA），吸引了来自全球95个国家，超过10亿人的合作社成员加盟[11]。具体包括生协、农协、渔协、森林团体、劳动者团体、住宅合作社、信用合作社等组织。ICA对合作社的定义是："合作社是自愿联合起来的人们，通过共同所有民主管理的事业体制，来满足他们共同的经济、社会、文化需求与抱负的自治联合体。"

公地方式的优势／劣势

优步、爱彼迎之类的共享平台，可以被视作将私有财产共有化的平台。那么，是否应该以合作社等公地方式，对此类平台实施管理呢？还是说由民间企业来运营才更合适呢？

萨丹拉彻认为，根据行业领域的特性，分别存在适用合作社方式（公地方式）和适用民间企业方式的情况[12]。第一项条件，就是该领域的技术发展速度。在拼车服务等技术飞速发展的领域，能够做出迅速应对的民间企业更适合负责管理。第二项条件则是资金需求。如果在相应领域出现了旺盛的设备投资及资金需求，融资能力强于合作社方式的民间企业方式，更适合负责管理。第三项条件，则是所有参加者的业绩贡献度是否存在差异。不同参加者的业绩贡献度差异极大时，难以契合倡导平等、公正的合作社理念，因此合作社方式并不适用。否则将难以实现一人一票的平等表决权和折中让步。

数字公地的登场

数字化正在逐步扩大公共财产与准公共财产类资产及服务的领域，其中以公地方式开展运营的项目也开始出现。我们将此称为"数字公地"。西班牙的社会学家梅奥·福斯特·莫雷尔是这样定义数字公地的："在团体内或团体间合作创造的，所有或共有的信息及知识源，数字公地不排斥用户（通常为免费），可提供给第三方……同时，团体的参与者有权对成员间的交流过程及共有资源的相关治理方法进行干预。"[13]

数字公地指的是，在数字平台这一较大的范畴中，采用公地方式治理模式的形态。其中的典型案例就是维基百科。维基百科是 2001 年 1 月由吉米·威尔士和拉里·桑格共同创始的网络百科全书，如今由维基媒体基金会负责运营。其特点是任何人都能免费浏览网站并自由参与编辑。截至 2017 年 12 月，在全球范围内已创建约 4 700 万词条，有 7 200 万人参与编辑[14]。

而维基百科的管理员却只有3 800人。这些管理员并不是维基媒体基金会的员工,而是从全球的候选者中选出的,赢得用户信赖的参与者。管理员会被授予拦截、删除、还原(恢复到历史记录状态)页面的权限。

为了提高维基百科上传内容的质量,还有一支名为"维基项目"的团队。该团队的成员同样不是基金会的员工,而是自发参加的志愿者。他们的开展合作涉及各话题内容的重要性和品质的评价等[15],将公地方式的治理理念贯穿其中。

7

数字资本主义通往第三阶段的道路

由于生产者剩余减少,导致总剩余的中长期缩量

正如我们在第3章所述,数字化带来的免费电子服务普及等现象,倾向于以挤压生产者剩余、扩大消费者剩余的形式来影响经济。或许有人会认为,只要消费者剩余的增长量超过了生产者剩余的缩减量,实现总剩余增长不就行了吗?事实并非如此。因为我们既是生产者,又是消费者。企业支付的薪酬来源于生产者剩余,生产者剩余缩减、薪酬降低时,购买力和支付意愿也会随之降低。稍有不慎,甚至可能会出现支付意愿额(及支付能力)下滑量超过数字化带来的价格下调的情况。

此外,企业的设备投资同样来源于生产者剩余,生产者

剩余一旦缩减，投资也会减少。进一步来看，企业及个人的收入降低还会导致政府税收减少，衍生出公共服务质量下降、收入再分配功能弱化等问题。换言之，急剧的生产者剩余缩减，以及在声田案例中例举的消费者剩余与生产者剩余极端不平衡的状态，或许能够在短期内增加总剩余，但从整个宏观经济来看，在中长期反而存在经济紧缩的风险。

数字资本主义能否顺利进入第三阶段

世界就真的无法摆脱经济紧缩的命运了吗？这个问题的答案，取决于数字化究竟能否促进支付意愿额及价格的上升。换言之，就是取决于数字资本主义究竟能否顺利进入第三阶段。正如第3章所述，消费者剩余与生产者剩余的多少取决于三个变量，即价格、成本和支付意愿额。

在数字资本主义的第一阶段，商家从价格差异中积累利润。这是一种通过比价网站、电商网站、拍卖网站等找到价格差异，并从中赚取利润的行为，属于商业资本主义。而相对地，在数字资本主义的第二阶段，则依靠成本差异积累利润。借助对云服务及廉价数字技术的使用，利用成本差异，构建起相较于其他企业的竞争优势。数字资本主义的第三阶段，则是依靠数字化，提高顾客支付意愿额（及价格）的阶段（图7-1）。

相比第一、第二阶段，第三阶段的难度更高。在降低成本方面，企业能够在相当高的程度上依靠自主控制来产生一些成果，而顾客的支付意愿额并不受企业100%控制，无法确保能达成预期。不过换一种角度来看，也可以认为其中蕴含着丰富的商机。关注消费者剩余的好处在这里也能够得到体现。我们可以认为，对于某家企业而言，只要能够掌握本公司产品、服务产出的消费者剩余量，就表明尚存在还有未被货币衡量的价值空间。

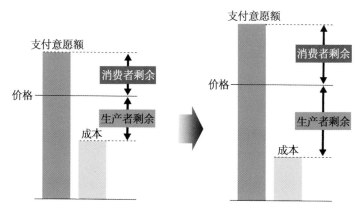

图 7-1 数字资本主义的第三阶段（依靠数字化，提高支付意愿额及价格）

资料来源：NRI。

里夫金曾经指出，（伴随着数字化发展）当边际成本缩减为零时，资产及服务将从市场决定的价格机制中解放出来，利润随之消失，而当资产及服务变得免费时，资本主义将会失去意义。这句话向我们展现的，是数字资本主义始终停留在第二阶段，出现仅存在消费者剩余的世界。难道我们真的只能眼睁睁地看着世界向里夫金描述的方向发展吗？还是说，数字资本主义能够顺利冲入第三阶段,在支付意愿方面也产生出作为资本主义本质的"差异",从而增加生产者剩余呢?

数字资本主义已经呈现进入第三阶段的势头。MIT(麻省理工学院)的彼得·威尔,将企业实现数字化转型的必经之路总结为两条,分别是效率性的提升和顾客体验(Customer Experience, CX)的优化。效率性的提升和顾客体验的优化,分别对应成本的降低和支付意愿额的提升,根据MIT开展的数字颠覆调查显示(2015年,调查对象为413家企业),正着力通过数字化技术优化顾客体验的企业,占调查对象企业总数的38%[1]。

数字化导致的行业分类崩塌

威尔将数字时代中企业的商业模式归结为4类:(1)生态体系驱动者;(2)模块制造者;(3)全渠道商业;(4)供应者[2]。

"生态体系驱动者",指的是亚马逊等平台运营方。"模块制造者",则是为多个平台提供可即插即用的特定功能(模块)的企业,例如将支付服务作为模块提供的PayPal。"全渠道商业",是一种着重强化顾客体验的商业模式,通过数字技术收集顾客信息,提供与顾客生活密切相关的多项服务。最后的"供应者",则是在既存价值链中,依靠有限的顾客信息,销售本公司产品、服务的传统型企业,在4种模式中,此类可以认为几乎是没有实施数字化转型的企业群。

正如威尔的 4 种商业模式所示，数字化将会在很大程度上动摇传统的产业结构。能够成为生态体系驱动者的企业只是极少数，因此大多数企业都必须做出选择：是作为利用巨大平台运营方的力量的模块制造者或供应者，抑或是成为全渠道商业，自行成为利基市场的（专注于特定的行业或服务，紧抓核心顾客群）平台运营方？无论如何，传统的产业结构或行业分类都将被颠覆，通过重新洗牌，划分为提供与顾客间接点（商业基础设施）的平台运营方，以及在平台之上提供富有特色的产品及服务的企业群。当然，前者的利润率看似更高，不过后者只要能提供独具特色的产品及服务，反而能够借此省去自行构建商业基础设施的必要，只要将与平台运营方重叠的功能彻底削除，同样能得到充足的利润。

从劳动社会转变为活动社会

不光是产业分类或行业的概念将发生变化，人类的附加价值产出方式或许也会发生巨大的转变。正如前文所述，在始于英国的工业资本主义社会中，人类的劳动力变成商品，得以在市场上进行交易。这就好比是将作为劳动力的部分从人类身上剥离了下来，成为了可以出于个人自由意志交易买卖的商品。与之相对的，在正在发展中的数字资本主义社会中，包括人类在内的所有事物所生成、发出的信息都会被用于交易及交换。就好比是我们每时每刻都在不断生成的信息，被从人类身上剥离了下来,成为了产出价值的存在。

德国的哲学家汉娜·阿伦特曾在《人的条件》中,将"劳动""工作""活动"论述为人类的三种基本活动力。在近代以前,为了生存才不得不进行的劳动,在这三者中的地位最低,为了尽量避免曝光而隐藏在私人领域。而在进入工业资本主义的时代后,劳动开始出现在公共领域中并实现了组织化,甚至正如马克斯·韦伯在《新教伦理与资本主义精神》中指出的那样,劳动一跃成为了最有价值的活动力,彻底颠覆了原先的顺序[3]。

如果进一步延伸阿伦特的理论,那么与工业资本主义孕育出"劳动社会"的历程相对应的,是正在发展中的数字资本主义,将原先一直隐藏在私人领域的个人"活动"信息推入了公共领域,并以大数据的形式实现了组织化,逐步孕育出"活动社会"。在活动社会中,人和物的一切活动(及相应信息)都将成为推动社会的原动力。

在此过程中产生了一种可能性,那就是人类将自身的"活动信息"作为商品出售的时代将会到来。就像是英国工业革命期间因圈地运动被赶离土地的农民,将自身的劳动力作为商品出售给资本家一样,因数字革命而被赶出职场的人类,将自身的活动信息作为商品出售的世界又是否会到来呢?身为计算机科学家的杰伦·拉尼尔,是支持平台运营方应当将微支付作为报酬形式,有偿换取个人向平台运营方提供的活动信息的学者之一[4]。而另一方面,以韦思岸为代表的学者则认为,即使支付了报酬,该部分价值还是会被转嫁到企业提供的服务的价格中,甚至还有可能出现无法享受服务的个人,因此应当无偿提供活动信息[5]。

从劳动生产率到知识生产率

在工业资本主义中,劳动生产率是最为重要的管理指标之一。这正对应了工业资本主义时代的劳动力商品化现象。相对地,在数字资本主义中,虽然同为生产率,但德鲁克口中的"知识生产率"或许将成为最重要的管理指标之一。所谓知识生产率,就类似于投入的信息能够在何种程度上转化为附加价值(产出)的转化率。20世纪的泰罗制掀起了急速提高劳动生产率的"生产率革命",而在数字资本主义社会,如何掀起知识版的生产率革命,也就是"知识生产率革命",将成为发展的关键。随着传感器技术的发展及价格降低,企业已具备能够大量获取作为知识生产率生产材料的条件。在大数据时代到来之际,如何将大数据转化为价值(产出)才是关键,转化率高的企业,也就是知识生产率高的企业,将在竞争中构建起优势。

知识生产率是消费者与生产者的协作活动

在工业资本主义的劳动生产率计算中,我们将劳动力作为投入(分母)、得到的附加价值作为产出(分子),其中的劳动力会被雇用合同捆绑在特定的企业中(近年来允许兼职的企业开始出现，但只占少数）。换言之，工业资本主义是基于生产要素所有权，即基于"圈地"的机制。而构成劳动生产率的分母和分子，均被封闭在生产者的世界中。而近年来备受瞩目的开放式创新，在从与其他企业开展合作的意义上，实际上仍旧是基于生产者世界中的活动。A 公司与 B 公司的围栏暂时发生了结合，从提高产出可能性的意义上来看，所谓的"开放"，其实仍旧是封闭在生产者世界中的活动。

而相对地，知识生产率完全不同于劳动生产率的地方，就在于作为投入的信息的大部分，都掌握在消费者（顾客）的手中。而生产者一决胜负的关键，就在于如何分析、解释这些信息，并产出附加价值。投入（分母）源于消费者的世界中，产出（分子）源于生产者的世界中。

知识生产率较高的状态，就是由消费者提供的投入得到了有效利用，为个体消费者提供了有益附加价值的状态。反之，知识生产率较低的状态，指的是尽管消费者提供了大量的信息，却无法以服务提升的形式呈现出来。各位可以想象这样一款 APP，在用户注册时，要求用户填写出生年月日、职业等各类个人信息，这些信息却完全没有反映到用户获得的服务中，这种"低知识生产率"的服务，在今后注定会被淘汰。

让价格更接近支付意愿额

提高生产者剩余的方法之一，就是让当前的价格接近支付意愿额。产生消费者剩余,就意味着价格与支付意愿额之间存在差异,从生产者的角度来看,就是仍旧存在未转化为货币、没有赚取到的价值。话虽如此,可如果一概而论地提高价格,销售量及利润反而都会下滑。即使是对于同样的商品及服务,每个人可能的支付意愿额也是不同的。如图 7-2 所示,让支付意愿额高的人,以尽可能高的价格买下商品及服务,就能扩大生产者剩余的面积。

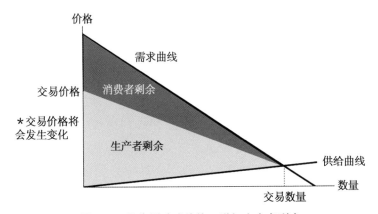

图 7-2　依靠浮动式价格,增加生产者剩余

资料来源:NRI。

尽管是同样的商品及服务,不同的个体却支付不同价格的例子之一,就是机票。即使所持的是同一航班、同一座位等级的机票,人们支付的价格却是极其多样的。时间价值高的人,例如商务旅客,通常愿意以较高的价格购买机票,而对时间价值较低的人,也就是并无固定计划,准备来一场悠闲的观光旅行的人而言,任何一趟航班都可以考虑,对机票的支付意愿额

较低，选择购买乘客较少时的廉价机票的可能性高。虽然我们可以认为机票已经具备了如图 7-2 所示的价格体系，但通过向消费者收集更多数据，或许还能够进一步扩大生产者剩余。

韦思岸通过举证，探索航空公司通过向已购买机票的消费者赋予修正数据的权利，凭借消费者自身旅行计划灵活性的追加信息，增加收入的可能性[6]。其中的原理如下所示。旅客 A 以 350 美元的价格购买了一个月后的早上从波士顿前往旧金山的头班航班，但由于旅客 A 的计划灵活度很高，于是他向航空公司表示"只要能获得 200 美元的返现，他可以换乘晚些的航班"。而另一方面，旅客 B 在数周后想要购买同一天、同一航班的机票，票却已经卖完了。

旅客 B 无论如何都想乘坐早上的头班航班，于是告知航空公司"只要能乘坐到头班航班，我愿意加价 300 美元"。于是航空公司通过对接这两人的需求，获得了 100 美元的额外收入。旅客 A、旅客 B 都得到了满足，航空公司则成功实现了对拥有更高支付意愿的旅客 B 的收益化（货币化），总体上扩增了生产者剩余。

在该案例中，企业提供的服务内容并未发生变化。换言之，使用飞机运输旅客的服务本身并未变化，改变的是让顾客追加投入数据（该案例中是不同顾客的支付意愿额），再由航空公司将其转化为价值。套入资本主义的语境，就是航空公司着眼于顾客对机票支付意愿额的差异，通过资源的合理调配，实现了利润的获取（赚取差价）。

由顾客决定分享使用权费用体系

数字化及共享经济的发展,正在将价格体系从出售转变为使用。下面就让我们来探讨一下,如何通过设计付费使用体系增加生产者剩余的可能性。如第 3 章中介绍的声田,设定统一的使用费用[7],可能会产生极大的未转化为货币的空间。声田产出的消费者剩余是生产者剩余的 33 倍,反过来看,也就意味着绝大部分的消费者支付意愿额都未能转化为货币。

今后,付费使用体系将会不断优化。正如伴随数字化发展而来的产品和服务个性化定制,价格体系也终将实现私人定制。生产者将向顾客提供"用于调节的旋钮"。由顾客自行调节获取服务的条件,即使用条件,在观察由此导致的使用费用变化的同时做出决策。其中的关键,是向消费者提供灵活的决策工具。不是由服务提供者提前设定多种费用套餐(例:白金、黄金、白银……),而是由消费者自行通过"旋钮"进行调节,决定最适合自己的服务内容(及价格体系)。以音乐发行服务为例,就是提供给消费者可以自行组合调节服务的参数,例如能够听到的曲数、每月可下载的数量、将当月剩余下载数量跨月继续使用的权利有无等,让消费者在观察随之变化的使用费用的同时,做出购买决策。

进一步说,就是不仅让消费者将自己的意图明确告知给平台,还要根据生产者保存的相应用户的使用历史数据及其他用户的使用数据,为相应用户设计推荐个性化的服务计划。各位可以想象一下亚马逊的推荐功能。就像是在亚马逊购买某本书籍时,页面会显示"购买该书的用户会同时购买这些书籍",随之推荐几本相关书籍一样,平台会根据与该用户具有类似个人信息及喜好的其他用户的行动来进行类推,创建推荐方案,还有可能推荐用户本人完全没有想象到的内容(例:在音乐发行服务中,根据用户的视听模式,推荐该用户意料不到的不同流派的音乐)。在此过程中,如何将用户投入的明示、暗示性信息转化为价值,就是对知识生产率提出的高度考验。

通过实验提升知识生产率

哈佛商学院的史蒂芬·汤克指出,创新过程的关键是实验[8]。这里所说的实验,并不是封闭在生产者的世界,即企业内实验室中进行的,而是将顾客也带入其中的商业实验。汤克认为,比起依赖于过往的经验及大数据,创新更应该通过实验来实现。因为过去的成功经验在将来并不一定可行。而通过大数据找到的答案其实也不再崭新,不能称之为创新。摆脱经验和大数据,通过不间断的实验进行前所未有的、没有任何数据积累的尝试,才能在反复失败的过程中激发创新。

在此过程中,成为知识生产率投入(分母)的,就是顾客对实验的反应。根据相应的结果,调整提供的服务内容(产出)。然后再观察顾客对此作出的反应,不停地重复这一过程。

数字资本主义通往第三阶段的道路

托马斯·爱迪生曾经说过,"成功取决于我们在 24 小时内最多能够进行多少次实验"[9],亚马逊、谷歌、微软等数字资本主义的天才企业,都忠实地遵循着爱迪生的教诲,日复一日地在线上平台开展着将顾客带入其中的实验[10]。通过反复实验、积累失败不断地学习[11]。

让顾客成为创新者

此前我们已经论述了通过让用户触及服务内容及价格体系的调节"旋钮",从结果上增加生产者剩余的可能性,下面让我们继续延伸该问题,考虑一下用户也密切参与产出开发的情形。换言之,就是通过让顾客参与创新,从结果上提高其支付意愿额的可能性。

作为提高顾客满意度与支付意愿额的方法,定制服务古已有之。量身裁剪定制的服装,就是其中的典型代表。由消费者提供自身的体型、颜色及面料喜好等信息,再由生产者据此制作出契合个人的衣物。不过对生产者而言,定制需要花费更多的成本和人工。如果过度地对不同顾客进行产品定制,可能会造成成本飙升,导致出现利润率受到挤压。也就是说,一直以来,定制与利润率之间都存在着此消彼长的关系。

不过如今,随着数字化的发展,在定制的同时实现高利润率的机制正在逐步形成。汤克将这一转变描述为"让顾客成为创新者"(Customers as Innovators, CAI),借助这一转变,快速低成本的定制服务正在成为可能。

借用汤克的话来解释,就是"不再将精力投入到正确理解顾客需要的理想产品上,而是转而向顾客提供能够自主设计、开发产品的工具"[12]。用知识生产率来解释,这种模式就是让顾客不仅负责分母的信息投入,同时还参与实现产出之前的一系列活动。生产者的角色不再是产出者,而是在顾客获得理想的(即支付意愿额高)产出过程中提供支持服务的辅助者。香料制造商 Bush Boake Allen,制造了使食品制造商等客户能够自行开发香料的工具。GE 也通过网络,向顾客提供了能够自行设计塑料产品的工具。这些尝试在很大程度上需要归功于 IT 技术的发展,尤其是计算机模拟、快速原型技术的进步。

此类尝试不仅局限于制造业。欧洲的某家大型金融机构,创建了让客户能够自行设计投资解决方案的网站。访问这个网站的客户,可以从 450 多个金融应用程序(股票、投资信托、通货等)中筛选自己所需的应用程序,为自己定制投资商品。借助这种方式,该公司的商品开发成本实现了急剧降低。超越利润率与定制化之间此消彼长关系的大规模定制,由此诞生。

这样描述或许会让人感觉"让顾客成为创新者"(CAI)的尝试实在是令人迫不及待地想要开始开展的过于美好的定位,但实际上,由于这会大大动摇企业内部组织结构及权力结构,因此引进的难度很高。Bush Boake Allen 中的调香师(Flavorist),金融机构中的商品开发部门,都是企业内部的明星部门,可以被视作一家企业的中流砥柱。而 CAI 尝试则需要将这些中枢功能开放给客户,不言而喻很容易引发动摇整个企业的争议。

数字资本主义通往第三阶段的道路

另一种举国家之力推进大规模定制的设想,则来自德国的"工业4.0"。具体来说,就是利用物联网技术,将从设计到销售的所有信息都串联起来,构建起尽可能满足每一位顾客需求的生产体系。通过定制,不仅能提高产品价值,还能避免多余的库存积压,可以为生产者带来极大的好处。宝马、奥迪等汽车制造商通过整合从数字化设计到生产的一系列信息,针对顾客的个性化规格要求,首先用软件模拟最佳的生产线及部件调配方式,再在实际生产系统中按照模拟的最佳工序进行生产(图7-3)。

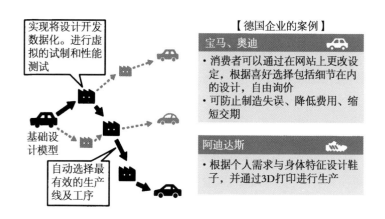

图7-3 工业4.0体制下的大规模定制示意图

资料来源:NRI援引日本经济产业省《2015年版制造业白皮书》数据绘制。

体育用品制造商阿迪达斯已经开始利用3D打印技术,提供为消费者双脚量身定制的运动鞋商品,近年来还推出了在门店通过激光扫描丈量消费者体型,定制针织衫的服务,成品在数小时后就能送到。这些举措的实现，都要归功于大量引进机器人而实现高速生产模式。

在第 5 章中，我们将"个性化要求"列举为数字时代的稀缺性之一，这其实是要求企业积极地将消费者的"个性化要求"激发出来。通过激发"个性化要求"，提高消费者的支付意愿额，随之增进提升价格提高的可能性。

生产者与消费者的界限变得模糊

从生产者需要依靠消费者（顾客）提供的投入，尽可能地提高产出的价值来看，提高知识生产率的过程其实是消费者与生产者的合作。在顾客作为创新者参与生产之后，这种趋势应该会进一步加强。这样一来，在创造的价值中，究竟有多少属于消费者，又有多少属于生产者，这其中的划分界限将会越来越模糊。同时，随着商品服务定制化的发展，价格体系也会呈现愈发多元化的形态。可以预见的是，数字化的发展，最终会像我们在第 3 章中介绍过的那样，使消费者剩余和生产者剩余的概念变得越来越不清晰。生产者与消费者的界线也会变得模糊。

倘若如此，就会像第 3 章中论述的那样，单纯执着于 GDP 这种生产者剩余世界中的指标，就像永远注视失焦模糊的照片。我们必须换装镜头，同时聚焦于生产者剩余和消费者剩余，即总剩余的理由，在此也同样能够得到体现。

PART
III

数字资本主义的多样性及其未来

在世界史中定位数字化

从交换形式洞察世界史

在PART Ⅱ中,我们论述了伴随着数字资本主义的登场,一直以来被工业资本主义作为前提的、以生产者为中心的经济观正在失焦;被工业资本主义视为根基的所有权也发生了向使用权的价值观转变;在民间企业和消费者的推动下,公共财产和准公共财产的领域开始形成并开放。

数字资本主义不仅是资本主义的第三阶段,还是在数字空间中,对过往资本主义历史的一次重演。在黎明期(20世纪后半)的网络普及阶段,市场具有发现价格差异的商业资本主义特征;进入21世纪后,利用云服务、SaaS等产生成本差异,借助大规模定制等形式创造出顾客支付意愿额差异的机制也逐步登场,类似于工业资本主义的特征开始显现。

但是我们认为,数字资本主义并不仅仅是在数字空间中重演了商业资本主义和工业资本主义的历程。在数字空间中,人与人之间的共享(与陌生人共享),不受地理空间制约的信息交换平台的登场等,都正在孕育出过往历史中从未出现过的全新社会构成体,抑或是交换形式。在本章中,我们将借用由日本思想家柄谷行人提出的世界史构造变化模型,尝试确立数字化在世界史中的位置。

柄谷以交换面为切入点,解读了世界史的构造,呈现了从A到D的4种社会构成体及交换形式(图8-1[1])。横轴划分为不平等/平等,纵轴划分为制约/自由。交换样式A,是共同体之间的互酬(赠予和还礼)。在原始社会中,这种交换

	不平等	平等
制约	B 国家 (掠夺与再分配:支配 与保护)	A 共同体 (互酬:赠予和还礼)
自由	C 资本 (商品交换:货币与商品)	D × (×)

图 8-1 交换形式与社会构成体

注:柄谷将A的社会构成体称为民族,在此我们用共同体进行了代替。括号内代表交换形式。

资料来源:NRI根据柄谷行人所著的《世界史的构造》(岩波现代文库,2015年)绘制。

形式占据支配性地位，进入现代社会后，也仍有遗存。以日本为例，收到结婚贺礼的新郎新娘还礼的风俗依旧存在，这就是一种家庭之间的互酬。A（互酬）的一大特征，是对交换双方的义务性（制约）。正如《论馈赠》的作者马塞尔·莫斯所指出的那样，在互酬交换的过程中，会发生给予、接受和回报这三种义务[2]。在这种交换形式中，双方的立场是平等的。更准确地说，是通过互酬才得以保持平衡，如果不还礼，这种平等的平衡就会被打破。甚至还会出现为了争夺支配性地位，进行多轮互酬的情况[3]。

交换形式 B 是掠夺与再分配（支配与保护）。这里的主要社会构成体是国家（更准确地说，是在共同体中成为支配性存在的支配共同体）。国家等支配共同体会以年贡、税收的形式，从其他共同体掠取财富，作为回报，国家会通过灌溉、社会福利、治安等形式实施再分配。年贡和税收是强制性义务，国家也必须尽到再分配的义务（否则这种交换形式将无法长期持续）。国家支配国民的回报，就是向国民提供保护。与 A（互酬）的差异点在于，在这种交换形式中，双方的立场是不平等的，是一种发生在掌权者（支配者）和非掌权者（被支配者）之间的交换。在社会中还产生了阶级（身份）。

交换形式 C 是商品交换（货币与商品）。其中的主要社会构成体是资本家（及企业）。在资本主义体系中，货币和商品实现了交换。商品中还包括劳动力商品。这种交换形式不同于A（互酬）、B（再分配），是一种基于相互合意，即源于自由意志的交换行为。交换形式 C 虽然以双方的自由意志为前提，却并不意味着相互的平等[4]。在这种交换形式下,持有货币(资本)的一方拥有更强的力量,伴随着货币(资本)持有方持续的资本积累,会产生贫富差距,造成一种区别于身份差异的不平等。

现代社会中,交换形式 A—C 同时存在,但最主流的交换形式是 C（商品交换）。柄谷认为,A—C 的交换形式是实际存在的,而右下角的领域 D,则是一种存在于想象中,或是理念中的形式。具体来说,交换形式 D,就是尝试在更高维度上,对随着 B 国家、C 资本影响力加强而受到抑制的"A 共同体"进行恢复的交换形式。交换形式 D 的交换行为基于自由意志,且双方（参与者）立场平等。柄谷认为,主流宗教、社会主义、无政府主义、伊曼努尔·康德提出的世界共和国等,都是可以被代入 X 的概念。

柄谷模型的重要特征,是交换形式 A—C 总是复合存在的思考方式。换言之,交换形式 A—C 均拥有较长的历史,在被称为"发达国家"的各国,虽然实现了 A→B→C 的主流形式变迁,但这并不意味着其他形式的消失。以 21 世纪的日本为例,虽然交换形式 C（商品交换）是日常生活中的主流交换形式,但形式 B 仍旧以税金和社会保障的形态存在,而此前例举的结婚贺礼,则是交换形式 A 依旧根植于社会的有力证明。同样在 21 世纪,居住在南太平洋的原住民仍然深受交换形式 A 的影响;而在经济由国营企业主导的国家,其实交换形式 B 拥有更重要的意义等,在不同国家及地区,不同交换形式的构成比率也呈现不同差异。

即将孕育出"D"领域的数字化

数字技术,是由 C(资本主义)孕育出的技术。正如我们在 PART Ⅱ 中详细论述的那样,一种可以被称为"数字资本主义"的全新资本主义形态正在逐渐形成。就像共享经济和大规模定制一样,原本不可能实现的差异创造方法,正在被数字资本主义创造出来。这样看来,数字化的基本作用,可以说是推动领域 C 的发展。

但这个问题并未到此结束。在本书中,我们想提出一种数字化能够孕育出领域 D 的推论。其中的交换形式为(陌生人之间的)"共享",而作为中心的社会构成体,则是 PART Ⅱ 中介绍过的"数字公地"(图 8-2)。

	不平等	平等
制约	B 国家 (掠夺与再分配:支配与保护)	A 共同体 (互酬:赠予和还礼)
自由	C 资本 (商品交换:货币与商品)	D 数字公地 (共享)

图 8-2 数字正在试图孕育的领域 D

资料来源:NRI 根据柄谷行人所著的《世界史的构造》(岩波现代文库,2015 年)的架构绘制。

在世界史中定位数字化

在第 6 章中介绍过的数字公地，可以认为是一种以自由平等交换形式为目标来构建的社会构成体。而"为目标"是这一概念中的关键。换言之，大部分数字公地都具备 D 的要素，却有很多是以积累货币为目的的，实际上是一种更接近于 C 的机制，并未进行领域 D 所代表的纯粹共享。萨丹拉彻将目前的共享经济评价为市场经济与赠予经济的混合型，带入柄谷模型，就是 C 与 D 的混合形态[5]。

反过来说，就是共享经济的商业模式具有很强的多样性，既有 C 要素较强的模式，也有 D 要素更强的形态。以拼车服务为例，优步模式的 C 要素就非常强。优步的平台属于中央集权型，司机并没有价格设定权和路线选择权，未达到优步规定服务水准的司机还会被优步施以严厉的处罚等，司机的自主性遭到剥夺，是一种由中央进行严格管控的类型。而相比之下，2013 年在以色列创立的 La'zooz，则提供分散型的拼车服务，其定位更贴近于领域 D。La'zooz 最大的特点，就是将 DAO（Decentralized Autonomous Organization，去中心化自治组织）理念作为架构的核心。简单来说，就是依靠计算机程序和智能合约来运营平台的方式，推进非中央集权去中心化自治的理念。La'zooz 的运行机制如下：想要参加的人，需要先在智能手机上下载专用 APP。当参与者在路上行驶距离超过 20 公里后，将获得一种名为 Zooz 币的代币。Zooz 币还能够通过代币交易渠道购入，随着参与者的不断增加、行驶距离越来越长，Zooz 币的发行额将会超过一定的值（数量级），此时，实际的拼车服务就会正式开始[6]。

数字资本主义

无需支付等价货币的共享经济

D 所代表的纯粹共享究竟是什么？这是一种无需支付等价货币，在多对多之间发生的"共享"。我们在第 4 章协同消费中介绍过的 FreeCycle，就是一种典型的无需支付等价货币的纯粹赠予平台。能够用来赠予的，不仅包括资产及服务。类似于维基百科这种在无需支付等价货币的前提下共享自身知识的行为，也同样是纯粹的赠予。还有免费共享 3D 打印机设计数据的 Thingiverse 平台，同样归属于领域 D。Thingiverse 共享的设计数据，并不是面向特定人群或个人的，不特定的多数对象都能够共享。由此，这是一种开放式的共享。使用者可以免费下载设计数据，并自行决定是否向设计者支付小费。在凯文·凯利提出的人们在数字时代愿意用金钱来交换的 8 种价值中，上述情形可以归为"援助（打赏、布施）"。而是否支付小费取决于个人的自由意志，从这一点来看，符合领域 D 的特征。

在 PART Ⅱ 中，我们曾论述免费的数字服务只能产出消费者剩余，决定消费者剩余的支付意愿额存在于各人的主观领域中。但从 Thingiverse 的案例来看，在领域 D，各人的支付意愿额同样能够以小费的形式得到显性化。而在第 3 章中探讨的 GDP 失焦现象，实际上也能归结为是由于领域 D 的存在感增强所导致的。

在世界史中定位数字化 8

多对多的实物交易（物物交换等不借助货币的交换）同样也应当归入领域 D。谈到物物交换，各位的脑海中可能会倾向浮现出 A（共同体）中的交换形式，但根据剑桥大学卡洛琳·汉弗莱等多位文化人类学家的研究，并没有证据能够证明现代人思维中重视实用性的物物交换曾经在原始社会进行[7]。更准确地来说，在 A 社会中虽然会进行物物交换，但这并不是一种出于双方实用性需求的以物换物，而是一种仪式性行为，借用莫斯的话来说，这是一种以维持集体（政治、经济、宗教等）关系为目的的交换，不光局限于物物交换，还能进行宴会与宴会的交换。此外，A 领域中的交换是一对一（更准确地说，是一个共同体对另一个共同体）进行的，除了初次接触的人以外，所有交换对象都是"相识的人"。相比之下，在领域 D 进行的实物交易，则是一种非仪式性的、仅追求实用性的交换，多对多（即在开放式环境下）进行，提供者事先并不知道自己的物品会交给谁，收到物品的人事先也并不知道提供者是谁，基本上是存在于陌生人之间的物物交换。

柄谷认为，交换形式 D 并不是对交换形式 A 的回归，而是在否定形式 A 的同时，从更高层次上对其进行恢复[8]，在数字空间的多对多实物交易中，这种特征也得到了体现。

数字空间中的实物交易平台

数字空间中的实物交易平台正在增加，其中主要涉及了两个大背景。其一是数字技术将精准的需求对接化为了可能。归根结底，物物交换的难点就在于，很少会出现"欲求的双重一致"。假设 A 与 B 想要进行物物交换。此时，必须同时满足 A 想要给出的物品正是 B 所需要的物品（第一重需要），以及 B 想要给出的物品正是 A 所需要的物品（第二重需要）的双重条件。要达成这种双方需要的匹配，是相当困难的。

不过这也仅针对一对一的物物交换。在拥有大量参与者的多对多数字平台上，实现双重匹配的可能性将会大大提升。进一步说，将不再需要进行二人之间的物物交换。在 2007 年创立于美国的物物交换网站 Swaptree 上，采用的就是三方间的物物交换机制[9]。比如说，纽约的 A 将园艺剪送给达拉斯的 B，B 将电视机柜送给旧金山的 C，C 再将打印机送给纽约的 A。通过这种机制，三者都能够获得自己想要的物品[10]。不光是网络，这种匹配算法的成功开发，也降低了物物交换的难度。

其二则是经济上的原因。某本经济期刊提出，在当今世界中，物物交换最盛行的地区是委内瑞拉和希腊[11]。委内瑞拉发生了全年涨幅达 4000% 的恶性通货膨胀，作为货币的玻利瓦尔俨然如同废纸。在这样的状况下，委内瑞拉人在 Instagram 等网站上开设了物物交换的专用账号，用来交换生活必需品。希腊也在经济危机和财政紧缩政策的影响下出现了欧元供应量锐减的现象，导致区域货币应运而生，物物交换网站也日趋兴旺。也就是说，在 C 领域资本主义体系接近于瘫痪状态的国家，作为经济辅助手段的物物交换将会得到发展。虽然许多报道都将希腊及委内瑞拉的现状描述为"回到了货币发明之前的状态"[12]，但我们并不能将此解读为这些国家回到了交换形式 A 的状态。如今在这些国家兴起的物物交换，是发生在数字空间的多对多交换，在陌生人之间进行，因此并没有回归到交换形式 A，而是一种类似于 A，却在否定 A 的同时，从更高层次上对其进行恢复的形式。换言之，我们更应该将其解读为领域 D 的出现。

信用基础的变化

萨丹拉彻联合在 PART Ⅱ 中介绍过的法国拼车企业 BlaBlaCar，对信用基础的变迁进行了共同研究（图8-3）。具体来说，信用基础会按照家庭→团体→政府→（第三方）机构→企业及商品品牌→数字信任网格的顺序缓慢扩张，可随之构建的信用规模也越来越大。

代入上述模型,就能够解释这种变化。在 A（共同体）中，家庭、团体是唯一的信用基础，而在 B（国家）出现之后，政府成为了新的信用基础提供者。而在 C（资本主义）的世界中，机构（通过合同法制度及民间第三方机构的认证）、企业及商品品牌也成为了信用基础。在最后的 D（数字公地）出现后，被萨丹拉彻称为"数字信任网格"的信用基础也应运而生。在数字信任网格中，通过多对多的个人间交易产生了信用。在电商网站上，个人间交易的实施者会进行相互评价，也就是互评。从培养个人间信用的意义上看，类似于 A（共同体）中的家庭或团体，但是其规模却远远大于家庭和团体。换言之，交换形式 D 并不是对交换形式 A 的回归，而是在否定形式 A 的同时，从更高层次上对其进行恢复的观点，在信用基础的变迁中也能得到体现。

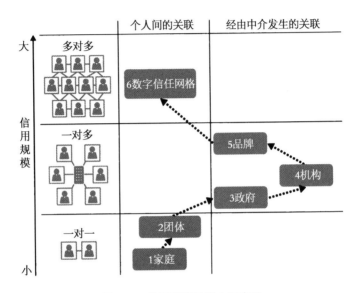

图 8-3 信用基础的扩大与变迁

资料来源：NRI 根据 BlaBlaCar and New York University's Stern School of Business, "Entering the Trust Age"（2016）绘制。

寻求自由平等的领域

在交换形式 D 中，人们将进行"自由""平等"的交换，但是真的就像柄谷所说的那样，这种状态只能存在于理想之中吗？拉尼尔认为，在数字空间上通过共享信息来创造乌托邦的想法只能是一种理想，即使共享信息的人是平等的，计算机的性能也并不相同，财富会集中到拥有最高性能计算机（他将其称之为 Siren Computer）的主体手里[13]。如拉尼尔所言，想要通过数字化来 100% 地实现领域 D，或许的确是不可能的。不过即便真的不可能，始终有人在为领域 D 的实现付出努力，也是千真万确的事实。

让·雅克·卢梭曾在《社会契约论》中探讨了自由与平等，而这本书在后来的法国大革命中成为了重要的原动力[14]。该书认为，人类在初始的"自然状态"（注：孤立个人分别过自主生活的状态）下，是自由平等的，而为了过上更好的生活，人类通过缔结社会契约，进入了"社会状态"。作为进入社会状态的代价，人类失去了自由与平等，但人类追求自由与平等的意志并未消失，在社会状态下，自由与平等同样可以实现，而具体的方法，就是让人民的"普遍意志"成为主权者。

卢梭的思想不仅成为了法国大革命的原动力，还扩散到了全世界，在日本也掀起了自由民权运动，并对后世各国的哲学家、思想家造成了深远的影响。从维基百科、Thingiverse 之类的数字公地和 DAO（去中心化自治组织）等理念的出现来看，即使到了数字时代，卢梭的思想也仍然间接或直接地深入影响着社会的方方面面。在卢梭的时代，自由与平等的思想更倾向于是一种对君主制及贵族制政治的抗争思想，而在现代的资本主义社会中，其主要实质已经转变为了对日益恶化的贫富差距的反抗。随着资本主义彻底发挥其功能，孕育出越来越多的不平等，造成的反动不断增大，想要构建领域 D 的力量也随之加强。在第 2 章中，我们论述了资本主义与民主主义对立的出现，而数字化不仅会强化 C（资本主义）的领域，还会通过构建领域 D，为民主主义的强化做出贡献。在现代社会，主导这一进程的人们被里夫金称为"协同主义者"。

在资本主义功能暂时萎靡时也会出现的 D

领域 D 产生的原因，并不仅仅包括 C（资本主义）迅猛发展导致的不平等扩大。资本主义体系因某种理由发生功能弱化或出现隐患时，交换形式 D 同样会出现，下面就让我们探讨其中的可能性。资本主义功能弱化时，B（国家）和 A（共同体）将会进行更多的弥补该部分功能的活动。以 2011 年的东日本大地震为例，当大规模的灾害发生时，资本主义会出现短期隐患。此时，将由 B（国家）主导开展救援救灾活动，与 A（共同体）之间的互相帮扶共同构成最先发挥的主要功能。

不仅如此，来自全国的志愿者、捐款等归属于交换形式 D、基于自由意志的纯粹赠予也会频繁出现[15]。而在这些活动的背后，智能手机、SNS 在信息发布、收集、共享等方面发挥着重要的作用。民间企业也暂时停下积累资本的脚步，开展无需支付等价货币的商品、服务、知识技能的纯粹赠予。东日本大地震之后，部分海外媒体，对日本社会不仅没有因灾害陷入无秩序状态，反而发挥了更强凝聚力的现象表示了称赞，这些报道在日本的新闻也得到了播报。借用卢梭和柄谷的理论，我们可以对这种现象进行如下分析。当如此大规模的灾难发生时，人类完全有可能废弃卢梭理论中的社会契约，回到"自然状态"（根据卢梭的定义，这会构成一种连交换形式 A 都不存在的兽性世界）。也就是一种将延续自身生命作为唯一目的，为此不惜掠夺的状态。但日本人不仅没有这样，反而表现出了更强的社会凝聚力。换言之，就是交换形式 A、B 得到强化，交换形式 D 也暂时在日本全国涌现，"社会状态"反而得到了强化。外国人惊讶的原因在于，虽然只是暂时性的现象，交换形式 A—D 全体呈现的社会状态得到了强化，并且实现了一种相互补充的姿态。我们不得不承认，在地震这种特殊的状况下，我们的确窥见了某种完整形态的理想社会状态。

数字社会的多样性

数字资本主义"可怕"吗

在第 8 章中,我们论述了数字化会使资本主义向何种方向发展,以及数字化会孕育出怎样的资本主义未来领域,这些观点都是基于进化论的。在本章中,我们会以生态论的观点进行补充论述。所谓生态论的观点,就是在不同国家及文化圈中,可能会孕育出不同的多样化数字社会的观点。其中最大的影响因素,就是文化和价值观的差异。

笔者曾经在与 MIT 的研究员交换意见时发现了一个现象。他在认同这种名为数字资本主义的新型机制的影响力正在日渐加强的同时,说了一句"我很害怕数字资本主义"。这个瞬间,

数字社会的多样性

笔者感到一丝违和，究其原因，是因为对资本主义这个词给出的否定性话语，通常都围绕着"厌恶"。而"害怕"这个词，则往往用于真相不明，倾向于存在对人类造成不利影响的较高可能性，而人类却对此拿不出有效对策的对象。

那么，他害怕的究竟是什么呢？或许是在数字资本主义的世界中，包括白领在内的大量职位被机器人及 AI（人工智能）取代，造成失业潮的景象；或许是在更远的未来，通用人工智能成超越了人类的智慧，造成人类受到奴役的景象；抑或是人类就此走向灭亡的可能性。在好莱坞电影和很多书籍（不光是科幻小说，还包括商业书籍）中都会描绘这样的未来景象，不过这种世界观，相较于亚洲，在欧美社会更有普遍性。于是，NRI 于 2015 年在日、美、德发起了消费者调查，下面就根据本次调查的结果，来诠释在不同价值观之下，人们对机器人及 AI 的接受方式。

各国对机器人及 AI 各具特色的接受方式

近年来，人们越来越关注机器人及为其提供支持的 AI 技术，实际上，无论在国内还是海外，各类企业的顶尖研究及举措，以及对相应技术造成的社会影响的探讨从未停歇，吸引了许多媒体争相报道。NRI 曾与米迦勒·奥斯本副教授（牛津大学）开展共同研究，并在 2015 年 12 月，将研究成果在题为《日本劳动人口中的 49% 可能会被人工智能及机器人等取代》的新闻中进行了发布，引发了热烈反响。

2015年11月,面向日本、美国、德国的消费者,NRI实施了关于机器人及AI技术引进的网络调查。通过本次调查我们发现,在机器人及AI技术相关的知识、接受程度、使用意向等方面,日本、美国、德国的民众分别表现出了不同的特点。

在机器人的大类下,其实还有很多不同的类型。从扫地机器人这种特化一种功能的机器人,到Pepper这种以交流为目的的社交机器人,虽然外形和用途不同,但同样都是机器人。首先,在普通消费者对"机器人"的定义方面,各国都将"人型机器人"和"工厂组装用机器人"统一划归为机器人,而对于"扫地机器人""零售店导购机器人"等非人型机器人,人们都抱有不同于常规机器人的认知。尤其是在日本,这种倾向表现得更加明显,对看着《铁臂阿童木》《哆啦A梦》等机器人动画长大的日本人而言,提到机器人,或许总会在无意识中联想到拥有人形外观、与人类一同生活的伙伴。而另一方面,在与日本同样工业立国的德国,与其他国家相比,人们更倾向于将没有感情、忠实执行人类命令的工业用机器人视作"机器人"。

在此后围绕"机器人"进入生活的调查中,各国均有六到七成的受访者表示"可以接受",对机器人感到抵触的人群只占少数。在随后的机器人购买意向调查中,美国有28%的受访者表示"1年内想要购买",加上"1到5年内想要购买"的比例,实际有购买意向的人群占比达51%,而表示"没有兴趣/不想购买"的仅有18%。在日本,回答"1年内想要购买"的人数仅占6%,而回答"没有兴趣/不想购买""不知道"的人数占比高达六成。德国的情况则处于美国与日本之间,34%的受访者表示希望在5年内购买(参考图9-1)。

数字社会的多样性　9

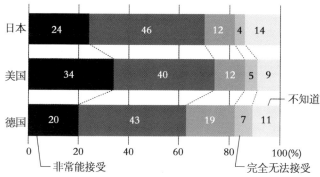

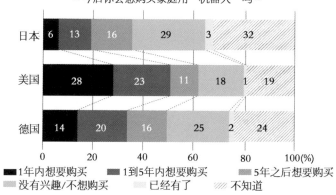

图 9-1　对机器人的接受度与购买意向

注：通过网络，面向日本（1 390 人）、美国（1 369 人）、德国（1 382 人）的 16—69 岁人群开展的调查。

在对"机器人"进入生活的接受度问题中，让受访者从"非常能接受"到"完全无法接受"这 4 种程度选项及"不知道"这一项选项中回答。

图表中的数值（％）经过四舍五入，合计值可能不等于 100%（图 9-2—图 9-4 同样如此）。

资料来源：NRI"关于机器人及 AI 的日、美、德网络调查"（2015 年）。

无论是在哪个国家，消费者的思维中都正在形成接受机器人的意识，其中能够以最快速度实现机器人普及的国家，应

159

该是美国。实际上，顶尖的机器人及 AI 研发企业都集中在美国的硅谷，可以预料到，美国将成为机器人的先锋市场，以领先于他国的速度率先完成机器人市场的构建。

另一方面，日本民众对机器人进入生活的接受度较高，购买意向却偏低。由此可以看出，日本的多数消费者认为，要真正实现机器人社会，还有很长的一段路要走。

如何看待科学技术对社会造成的影响

各国消费者对科学技术的价值观差异，是导致日本、美国、德国消费者对机器人接受度及思考方式不同的背景。以在公路上进行的无人驾驶实验为例，民众好感度最高的是美国，其次是日本、德国。而持消极意见人数比例最高的是德国，其次是美国、日本（图 9-2）。

在美国，好感度高的人数和持消极意见的人数，呈现出一种两极分化的倾向。而日本民众的好感度虽然相对较高，但了解实质本身的人却很少，由此在好感度选择中持中立意见的人很多。在关于人工智能技术可能会超越人类智力的其他调查项目（AI 电话应答系统、计算机在象棋比赛中战胜人类、能解答高考题目的计算机等）中，德国民众的好感度同样较低，由此可见，德国人对新技术的成果抱有较为保守的态度。

为了研究消费者如何看待科学技术对社会造成的影响，我们让受访者就几种对科学技术的看法做出选择。根据本次调查

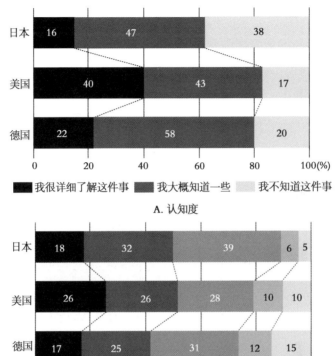

图 9-2　对最新科学技术信息的认知及好感度

注：通过网络，面向日本（1 390 人）、美国（1 369 人）、德国（1 382 人）的 16—69 岁人群开展的调查。

在是否持有好感的问题中，共设置了从"持有好感"到"没有好感"的 5 种程度的选项。

资料来源：NRI"关于机器人及 AI 的日、美、德网络调查"（2015 年）。

的结果，对于"科学的发展及新技术的开发，能够让社会及人类生活更加富足"的看法，各国都有八成以上的受访者表示赞同。

数字资本主义

那么,在消费者眼中,技术上的进步究竟会带来怎样的影响呢?对于"技术上的进步,让我们的生活方式发生了过于迅猛的变化"的看法,有九成德国受访者表示赞同,较日美七成的比例高出约两成。由此可见,德国民众对技术发展带来的生活方式骤变更为敏感(参照图9-3)。

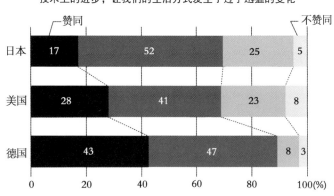

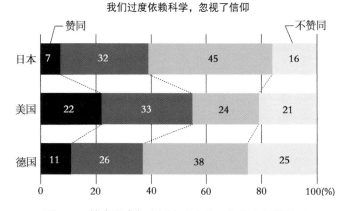

图9-3 技术进步与生活方式变化、信仰之间的关系

注:通过网络,面向日本(1 390人)、美国(1 369人)、德国(1 382人)的16—69岁人群开展的调查。

在这两种看法中,均设置了从"赞同"到"不赞同"的4种程度的选项。

资料来源:NRI"关于机器人及AI的日、美、德网络调查"(2015年)。

最后，让我们再来看看科学与宗教的关系如何。对于"我们过度依赖科学，忽视了信仰"的看法，日、德两国的赞同者均占四成左右，美国则达到了更高的55%，可见在美国，对偏重科学的思维方式存疑的人群还是占据一定比例的。而在宗教信仰方面，回答"我没有信仰的宗教"的人数在日本占67%、在美国占22%、在德国占40%，美国人的信仰最强，且信仰基督教的人数高达总人数的61%。在美国经常会掀起衡量科学技术与信仰的讨论，这样的社会背景或许就是其中的主要因素。

人工智能会威胁到人类吗

"随着AI的开发，我们正在召唤恶魔"——这是特斯拉创始人埃隆·马斯克的原话。眼下，以深度学习研究的进一步发展为契机，第三次AI浪潮正在到来。2005年，雷·库兹韦尔率先预言在2045年将出现奇点（技术领域的特异点），随后，史蒂芬·霍金博士、微软创始人比尔·盖茨、苹果创始人之一的斯蒂夫·沃兹尼亚克等众多研究者及先进企业的领导者，都对人工智能或许会超越人类智力的未来表示出了担忧，实际上也正在向联合国递交申请禁止自律型机器人及AI兵器开发的请愿信。

关于这个奇点问题，对于"以美国研究者提出的问题为契机，如果计算机技术继续以如今的速度发展下去，到2045年，可能会到达超越地球全人类智能的终极计算机、人工智能（AI）诞生的时间点（被称为奇点），令许多人感到不安"的看法，美国、德国的受访者知晓率分别为56%和55%，日本的知晓率为45%，略低于美国和德国。进一步追问对该问题的评价时，30%的美国人回答好感，而无好感的人群则占了40%，意见发生了两极分化。相比之下，52%的德国人回答无好感，日本则有51%超过半数的人选择了中立的选项，存在无法形成明确意见的倾向（图9-4）。

2015年，安倍内阁推出了智能设备使用推进计划（机器人新战略）。机器人技术在解决劳动力不足等社会课题的同时，还蕴含着促进从制造、医疗、护理，到农业、建筑、基础设施维护的多领域生产率提升的可能性。虽然自动驾驶车辆在公路上自由行驶的时代并不会很快到来，但自动驾驶技术中的一部分已经实现了实用化，或许在不久的将来，我们就可以不必再握紧方向盘了。

而另一方面，此类科技的发展，同时又会带来人类工作机会减少的负面影响。根据NRI与米迦勒·奥斯本副教授共同研究的成果，伴随着近年来的机器学习及机器人技术发展，在10—20年之内，现有工作中的约49%可能会实现自动化。在日本，自动化可能性最高的职业是铁路驾驶员、专职会计财务、税务师、邮政窗口、出租车驾驶员、接待等[1]。

欧美自20世纪80年代的计算机革命以来，薪酬差距增大。今后，伴随着机器人及AI技术的引进，劳动者持有的部分技能会因自动化而失去价值，最终可能会导致中等收入劳动者的减少，尤其是低技能劳动者的就业率降低。虽然不像欧美那么严峻，日本也同样面临着薪酬差距加大的课题。今后还必须在教育上倾注更多的力量，提高创造性、交流能力等社会性技能，

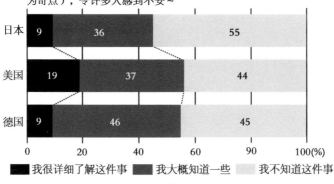

A. 认知度

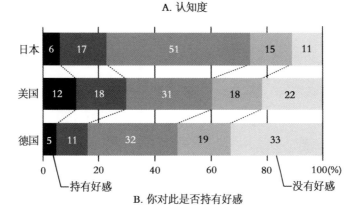

B. 你对此是否持有好感

图 9-4 对奇点的看法

注：通过网络，面向日本（1 390 人）、美国（1 369 人）、德国（1 382 人）的 16—69 岁人群开展的调查。

在是否持有好感的问题中，共设置了从"持有好感"到"没有好感"的 5 种程度的选项。

资料来源：NRI "关于机器人及 AI 的日、美、德网络调查"（2015 年）。

让更多的劳动者转而从事自动化可能性较低的职业。需要此类技能的职业，包括软件开发人员、法官、护士、高中教师、牙科医生、大学讲师等。

伴随着机器人、AI 技术的引进，社会需要更加重视应用此类技术的技术能力培养。根据调查结果，日本存在机器人、AI 技术等新科技相关知识、信息依旧不足的倾向。提供合适的知识及信息，分清必要和不必要的内容是非常重要的。机器人及为其提供支持的 AI 技术已不再是空想，而是确有可能改变我们生活及社会整体的现实科技。

三种技术文化

之前我们主要介绍了问卷调查的结果，下面我们将聚焦技术文化这个概念。文化人类学家川田顺造曾在法国的大学求学，并有在西非实地调查的经历，提出了存在于欧美、非洲、日本的三种不同的技术文化形态，并将其命名为"文化三角测量"（表 9-1）。

模式 A（欧美）被称为"工具的去人类化"。以调羹、餐叉和餐刀为例，分化出了不同的功能，无需经过特殊训练就能熟练使用。就像婴儿很快就能学会使用调羹和餐叉一样，这是一种不取决于个人技巧，任何人使用都能达成固定结果，在工具及装置上钻研改良的文化。在此之上，还具有尽可能地利用人类以外的能量，来获得更大成果的特征。他还以法国为例，介绍了（在蒸汽机普及之前）在运河上航行的船只都是依靠河两岸的马匹用绳索牵拉移动的案例。换言之，就是不取决于个人间差异（身体特征等），也尽量不依赖于人类提供的动力，是双重意义上的"非人类依赖性"。

表 9-1　川田顺造提出的三种技术文化

	模式 A（欧美）	模式 B（日本）	模式 C（非洲）
概要	〈双重的非人类依赖性〉 通过改良工具及装置，做到不依存于个人技巧，任何人使用都能达成固定的良好结果。 尽可能地利用人类以外的能量，来获得更大的成果。	〈双重的人类依赖性〉 由人类依靠自身的技巧来使用功能未分化的简单工具，实现多样化且有效的使用。 为了获得更好的结果，会不惜一切地投入劳动力。	〈在依存的同时发挥主观努力〉 用巧妙的方法，灵活应用现成的物件。 将身体作为工具的一部分来使用。
工具	工具的去人类化 工具本身的各项功能均优于筷子，无需专门训练。	工具的人类化 设计简单，却可用于多项用途（切、夹、插），必须经过训练。	人类的工具化

资料来源：NRI 根据川田顺造《从人类的地平线出发》（2004 年，第 146—148 页）的内容绘制。模式 C 的配图是八重洲地下街的 Erick South。

模式 B（日本）则被称为"工具的人类化"。以筷子为例，虽然设计简单，但这一样工具可用于多项用途（切、夹、插）。其不同于模式 A 的地方在于，要熟练使用此类工具，需要一定的训练时间。而伴随着使用时间的延长，采用这种技术文化的工具将会变得如同自己的手脚般极易操控。在日本传统的河流航运中，船夫能够仅靠一条船桨巧妙地操控船只。对于熟练的船夫而言，即使是满载货物的大型船只，也能独立完成航运，而要达到这样的境界，长年的训练必不可少。在这种文化中，为了获得更好的结果，存在愿意不惜一切投入人工的倾向。也就是在各人得到的结果会出现差异，以及必须倾注人类劳力的双重意义上来说，具有"人类依赖性"。

模式C（非洲）被称为"人类的工具化"。就像用手来吃饭一样，实际上是用巧妙的方法灵活应用现成的物件，抑或是将人类的身体作为工具的一部分来使用。例如将篮子顶在自己的头上搬运，或是用短锹挖掘地面时，将自己的前臂当作铁锹的长柄来使用，进行播种、除草等动作[2]。

在工业资本主义时代，最合适的模式是模式A。更准确地来说，正是依靠模式A这种技术文化，才使得工业革命成为了可能。在工业资本主义中，必须尽量缩短训练时间，让大批从农村地区流入城市的劳动者尽快地将生产率提升到一定的水平，大量生产同一品质的产品。从这一点上来看，模式A的技术文化只需要很短的训练时间，并且可以通过相应工具的使用来实现生产，虽然产出水平并不一定很高，但能够维持较小的品质波动。相比之下，模式B则需要花费较长的训练时间。工具的使用结果，也会因使用者而出现较大的差异。反过来说，虽然熟练掌握工具使用技能的个人能够拥有巧夺天工的技艺，但是我们也可以很容易地想到，对于要让大量劳动者大批量产出同水准产品的工业资本主义生产体系而言，模式B完全不具备可行性。

人类的替代、完善或强化

川田的技术文化模式,在数字时代也能带给我们极大的启发。我们认为,在数字时代具体解析技术文化时,或许可以将其诠释成表 9-2 中所示的内容。

表 9-2　数字时代三种技术文化的示意图

概要	模式 A 人类替代型	模式 B 人类完善型	模式 C 人类强化型
	例:亚马逊自动仓库	例:助步机器人 HAL©	例:半机械人
	数字去人类化	数字技术的人类化	人类的数字化

图片拍摄(模式 A):尾形文繁。
资料来源:NRI。

我们将模式 A 称为"数字去人类化"。不受个人能力差异的影响,借助机械的力量,实现即使在无人状态下也能达到稳定品质的状态。这是一种无需费时,就能够在短时间内达成一定的品质水准的模式。在调羹、餐叉等工具所体现的非人类依赖性上进一步提升,甚至可以被视为人类替代型技术。以搬运重物的技术为例,在亚马逊自动仓库等地能够看到这种技术文化。还有正在白领办公室等场所开始引进的RPA（机器人流程自动化），同样属于人类替代型技术。RPA技术能够遵循业务规则，自动再现人类在办公桌前进行的操作，适用于交通费核算等定型工作、数据收集工作、维护工作等。同时，RPA不仅能削减成本，还有助于提高生产率。

我们将模式B称为"数字技术的人类化"。这种数字技术的应用特征类似于筷子，在经过不同程度的训练后可实现大幅度的个体成果提升。其成果并不固定，花费的时间越长效果越好，采用这种技术文化的工具就像人类身体的延伸。因此也可称为人类完善型。以搬运重物的技术为例，CYBERDYNE的助步机器人"HAL©"体现的就是这种技术文化。智能手机同样具备模式B的特征。虽然智能手机并不是筷子这样纯粹的工具，却在各类领域为人类的活动提供帮助。通过安装APP，一台智能手机能够像筷子一样实现多种用途，而熟练使用者和不熟练者之间也会产生明显的技能差异，因此可以归入模式B。

最后，我们将模式C称为"人类的数字化"。这种模式与前述的非洲技术文化（应用现成的物件灵活进行应用）存在细微的差异，可以理解为其中还包含着将人体变成工具的一部分的意思。具体来说，就是将数字设备连接到人类的身体上，使人体成为工具的一部分，也可称为人类强化型。这种模式已经在人造耳蜗、义肢等工具中得到了实现。由半机械化的人进行重物搬运，就是此技术体现的代表案例。实际上，早在2016年10月，瑞士苏黎世就曾经举办过"半机械人"运动会，参赛选手都是安装有"机械手臂""机械腿"等医疗辅助机械的人，在当时引发了热议。由此，或许能将模式B和C的结合称为人类拓展型。

我们绘制了不同模式的示意图，那么AI（人工智能）究竟应该划分到哪一类呢？实际上，这个问题及其答案具有相当重要的意义，取决于"人类如何使用AI"。即存在替换劳动力的AI（人类替代型），也存在为人类活动提供支援的AI（人类完善型）。

人们如何看待不同的模式，在很大程度上取决于各人的价值观，以及根植于社会的文化。有的人会偏好特定的模式，也有人会觉得所有模式都难以接受。在个人差异和文化差异的影响下，人们对不同模式的接受度是不同的。换言之，虽然这三种模式中并不存在绝对正确的模式，但依旧值得探讨它们在未来社会中的适用性/不适用性。

数字时代适用哪种技术文化

正如前文所述，在工业资本主义时代，最合适的模式是以餐叉、调羹为代表的模式A。那么在数字资本主义时代，还存在最适用的模式吗？在数字资本主义时代，提高成本优势及效率性同样非常重要。从这一点来看，模式A类型的技术将继续占有重要地位。不过，如果整个世界只有模式A不断发展，将会陷入极大的混乱。布莱恩约弗森和麦卡菲的"技术性失业论"，或者里夫金口中的"大失业时代"[3]将会成真。熊彼特曾经提出，"资本主义企业具有在取得成功的同时，不断向自动化升级的倾向,结果导致自己成为多余。它将会被自己的成就压得粉碎"[4],如果只有模式 A 的技术文化不断发展,或许我们真的会迎来熊彼特所想象的世界。

不过,模式 A 并不会被提升至如此高的支配性地位。不同于工业资本主义时代,数字资本主义获取利润的关键,并不是大量生产千篇一律的产品,而是为不同顾客提供个性化定制服务。换言之,重要的是如何通过明示、暗示等方式,从客户处获得更多的"主观"信息。而伴随着共享经济的进一步浸透,为了提高按需性及匹配能力,用户提供的明示性、暗示性信息投入将会变得更加关键,因此,让消费者掌握人类拓展型的数字技术,将会变得越来越重要。如今的智能手机已经具备了这样的功能,而在今后,将消费者自身都没有意识到的潜在个性化需求显性化,或许将会成为更加重要的功能。换言之,就是利用数字技术,将个人的主观想法或隐性知识转化为显性知识。利用存在于客观世界中的机器人和 AI,让主观的人类世界、消费者剩余世界能够受到瞩目。从某种意义上来说,这也推进了其中的辩证关系。

10

资本主义的发展方向

因交换形式、技术文化而改变的未来愿景

数字技术是在资本主义中孕育出来的，推动着资本主义从第二阶段的工业资本主义，进入可以被称为数字资本主义的第三阶段。在数字资本主义中，人类发现数字空间中的价格差异，使用各类数字技术来构建起成本优势，并通过定制商品和服务，来创造支付意愿额差异。换言之，数字资本主义体系在同时具备传统商业资本主义、工业资本主义要素的同时，试图在更高层次实现此类要素。

但这个问题并未到此结束。在第8章中，我们论述了数字技术正在孕育出资本主义的未来领域，即本书中定义为领域

"D"的形态。而在第9章中,我们探讨了数字化领域中存在的不同技术文化。数字化所孕育出的经济社会构成体是非常多样的,取决于数字化在哪个领域(社会结构、交换形式)、在何种价值观下得到使用。为此,我们将在本章中结合柄谷模式(四种交换形式)和川田模式(三种技术文化),描绘资本主义的多种发展设想。

具体来说,分别是在人类替代型技术文化的作用下,数字化100%强化C(资本主义)领域的设想1;在人类完善型技术文化的作用下,构建C、D混合型社会的设想2;在融合所有技术文化的基础上,使D(数字公地)成为主要社会构成体的设想3(表10-1)。设想1和3是分属两个极端的设想,尤其是设想3,带有较强的空想要素,基本只适用于思考实验。

表10-1 经济社会的三种设想

设想1	用数字化强化C的"纯数字资本主义"
设想2	用数字化同时强化C和D的"市民资本主义"
设想3	用数字化强化D的"后资本主义(富裕经济)"

资料来源:NRI。

设想1:用数字化强化C的"纯数字资本主义"

设想1,是一种假设数字化技术仅用于C(资本主义)领域的极端设想。此设想前提为效率至上主义,人类替代型

10 资本主义的发展方向

数字化技术得到快速发展。人们将迎来马丁·福特的《机器人的崛起》[1]和杰里米·里夫金的《工作的终结》中所描绘的，大量劳动力被机器人和 AI 取代的世界。在这种设想中，试图孕育出领域 D 的数字化尝试将以失败告终。

读者可以将网络技术发展的黎明期，视为在孕育领域 D 失败后，被领域 C 吸收的案例。网络技术在其黎明期，曾受到过部分专家学者的期待与关注，被认为其或许会成为强化世界民主主义的工具，可能会构建起畅享个人自由与平等的扁平社会，可实际诞生的却并不是这些学者所期待的理想世界，而是作为巨大平台运营方的企业。

正如在第 2 章中介绍的那样，民主主义正在不停受到资本主义的压制摧毁，而在这种设想中，数字化不但没有成为民主主义的救世主，反而在往压制它的方向进展。2017 年 11 月，《经济学人》周刊刊登了"原本被认为能够推动民主主义发展的社交媒体，如今却似乎正在促使民主主义走向毁灭"的报道[2]。报道列举了在 Facebook 上散播的虚假新闻，并没有孕育出民主主义，而是导致了"暴民主义"（mobocracy），以及极右政党通过在社交媒体上散布移民相关的虚假信息，来捞取竞选筹码等案例。

而可以被视为 C、D 混合型机制的共享经济的重心，也在这种设想之下，逐渐开始向 C 领域转移。为了实现资本积累的高效化，各类数据全部累积在平台运营方，在平台运营方的主导下进行决策。换言之，用户将会逐渐失去价格设定权及市场营销、品牌构建等的主导权，以资本积累最大化为目的的机器，将会以最合理的方式运作。

数字资本主义

在此设想中,人们的贫富差距应该会进一步加大。作为缓解贫富差距的举措,最低收入保障制度近年来广受关注。所谓最低收入保障制度,是在无需特殊审查的情况下,向全体国民统一发放能保障最低生活水平的补贴的制度。芬兰已经开始以社会实验的形式,向部分国民发放最低收入补贴[3]。

借用柄谷模式的框架来说明,对于因数字技术猛烈作用于C(资本主义)领域而导致的大规模失业等毁灭性的社会问题,由B(国家)来进行救济。换言之,就是面对领域C的不断壮大,D并不会作为对抗势力登场,只能由B(国家)来进行抑制。

荷兰记者鲁特格尔·布雷格曼在其著作《现实主义者的乌托邦》(英文版原名为Utopia for Realists)中提出,"要在与AI的竞争中获胜,就必须实施最低收入保障制度"。该书的日文版名称《无奴役之路》,借鉴了哈耶克在第二次世界大战期间(1944年)发表的《通往奴役之路》[4]。当时,在英国伦敦政治经济学院(LSE)教授经济学的哈耶克看到了德国法西斯主义的来势汹汹和英国向国家社会主义倾斜的态势,执笔撰写了该书。在这本书中,他对国家社会主义敲响了警钟,警告人们,这种将个人经济自由交付国家的机制,是一条"通往被奴役的道路"。

布雷格曼在本书中致敬了哈耶克,并主张人类在与AI的竞争中是无法获胜的,而人类要想避免被AI奴役,就必须对时间和财富进行再分配,即缩短劳动时间,引进最低收入保障制度[5]。本书无意在此探讨布雷格曼的上述论调正确与否,我们之所以选择引用他的主张,是因为通过他的观点,我们

资本主义的发展方向

可以很明确地看到模式 A 即人类替代型技术文化正在深深植根社会的现实。换言之，为其理论提供支持的默认前提（世界观），就是模式 A 的人类替代型技术文化。

布雷格曼这本著作的英文名为"现实主义者的乌托邦"，对整本书进行了具有启示性的概括。虽说有人认为数字化能够孕育出领域 D，即人类自由平等的新高地，但在布雷格曼看来，这只是单纯的理想，只有引进最低收入保障制度，才能建成属于现实主义者的乌托邦。

综上所述，在这种设想中，数字技术只能被用来强化 C（资本主义）。社交媒体也并未促进民主主义发展，反而使民主主义受到了进一步压制。再加上在模式 A 这种人类替代型技术文化的背景下应用数字化，还会导致大规模失业的发生。对于由此导致的贫富差距进一步扩大[6]，需要由 B（国家）采取最低收入保障制度等应对措施。

设想 2：用数字化同时强化 C 和 D 的"市民资本主义"

英国的历史学家 E. H. 卡尔如此评价理想主义（utopianism）与现实主义（realism）的关系：理想主义是"不成熟的幻想"，而现实主义则是"批判性、讽刺性的思考"[7]，两者虽然始终对立，但将这两种思维不偏不倚地结合起来，才能实现成熟的讨论。

在此前的设想 1 中，现实主义、反乌托邦思想的色彩较为浓重。因此,我们希望在设想2中融入一些理想主义的因素[8]。即数字化不仅能强化资本主义,还能发展数字公地,通过C、D领域的互相完善,缓和贫富差距问题。在这种设想中,数字技术并不会替代人类,而是帮助完善、拓展人类。

共享经济专家萨丹拉彻认为,21世纪的经济是"以云端(民众)为本的资本主义"[9],这与我们在设想2中考虑的"市民资本主义"的概念相近。我们之所以使用"市民"这个词,是因为其能同时代表拥有主权的个人及集体,相比"民众"及"个人",更能表现出领域D的细微差异性。

在设想2中,金钱并不是唯一的资本,各人所拥有的技能、闲置资产(私家车等)同样能成为产出价值的资本。伴随着共享经济平台渐趋多样,智能手机等数字设备日益普及,每个人都能成为微型资本家,用自身的资本创造价值。

金钱和效率不再是社会价值观的全部。在空闲时间免费分享自身技能,在诸如维基百科的数字公地上为提高品质做出贡献的纯粹捐献性活动也会越来越多。

为了增加用户数,平台运营方会全力建成更优秀的平台,为个人及中小企业提供助力工具。而平台业务也具有可关注的特点,比起让少数的大型企业及富豪成为用户,平台业务更希望得到大批多样化用户的使用,这样才更能提升平台的价值,因此,平台会欢迎大量个人及中小企业的加入。

传统工业资本主义重视的是"规模经济"。即生产者生产同一产品的数量越多,单位成本将越低,经验曲线、熟练曲线等理论也可以证明这一点。要体现出规模经济,生产企业最好是极少数的。因为越是由少数大企业大量生产,就越能发挥规

· 资本主义的发展方向

模经济。相比之下,数字资本主义平台业务重视的是"范围经济"。在此网络效应的作用下,用户越多、用户的多样性越高,相应(平台的)价值将会越高。

下面以电商网站的用户(买家和卖家)为例进行说明。在某家电商网站上注册的卖家越多、多样性越丰富,提供给买家的选项就越多,对买家也更有吸引力。从卖家的角度出发也同样如此,访问某个电商网站的买家越多、多样性(收入水平及嗜好的差异、支付意愿额的差异)越丰富,卖家商品成功售出的可能性就越高,对卖家也更具吸引力。而对平台运营方而言,最重要的就是吸引更多、更多样的用户,因此它们会向个人及中小企业提供富有魅力的工具,也是再正常不过的了。

韦思岸认为,亚马逊正在逐步成为向用户提供透明性及主体性的平台运营方,若此类平台运营方进一步增加,个人拥有力量的社会势必会诞生。对此,他借用热力学中的"相变"现象进行了比喻说明。具体来说,"水在加热至沸点后会由液体相变为气体。而在人类社会中,数据量的增加,就类似于物理体系中的热量增加。数据企业向用户提供透明性及主体性的结果,将在某个阶段发生逆转,呈现个人较企业居优势地位的局面。数据量的增加,将有助于个人利益的增加"[10]。

换言之,即使在短期内出现设想1的反乌托邦资本主义,平台运营方也能以合理的理由向个人提供透明性和主体性。因为如果平台不这样做,将会因为无法吸引大量用户而衰退。其必然的结果就是伴随着社交媒体数据的爆炸式增长,个人拥有力量的设想2中的市民资本主义的诞生。

此外,从理论上来说,设想2也能帮助社会缩小贫富差距。

柄谷指出，缩小贫富差距的功能不光存在于领域 B，领域 D 同样具备这一功能。领域 B 借助的是税收、最低收入保障制度等收入再分配政策，"通过分配来维护正义"，而领域 D 则"通过交换来维护正义"。通过分配来维护正义，是对贫富差距结果进行修正，属于治标；而通过交换来维护正义，则是对导致贫富差距的原因进行矫正，属于治本。虽然通过交换来维护正义的可行性仍备受争议，但是我们应当借此记住，缩小贫富差距的方法并不仅限于一种。

设想 3：用数字化强化 D 的"后资本主义（富裕经济）"

　　如果设想 2 是现实主义与理想主义的结合体，设想 3 则是一种理想主义色彩极强的设想。因此，希望各位将本设想视为一个纯粹的思考实验。此设想的开端，是杰里米·里夫金描绘的"零边际成本社会"。在里夫金笔下的未来社会中，通信、运输、能源都将实现"零边际成本"的供应。换言之，虽然建设健全基础设施的早期投资需要投入成本，但一旦此投资阶段结束，后期使用所需的增加成本将（几乎）为零。在通信领域，此类世界正在逐渐成形，今后在运输及能源领域也将实现这种状态。所有建筑物上都将安装太阳能面板等可再生能源转化器，通过能源网络相互连通。自动驾驶汽车也将使用可再生能源。网络将不再是单纯的通信手段，而是成为管理分散型可再生能源以及自动化物流的交流媒介[11]。

上述状态或许会成为通往里夫金口中的"富裕经济[12]"的入口。正如我们在PART Ⅱ中探讨过的那样，时间、信赖、个性化需求等稀缺性依旧会存在于数字时代，而在"零边际成本社会"中，稀缺性将会从大量领域中消失，价格也会无限接近于免费。这样一来，以获取利润、积累资本为目的的资本主义体制的存在感将会减弱。

借助物联网基础设施，里夫金描绘的水平展开型通信/能源/运输平台将构建起来。在此类平台上，自由平等的共享将在多对多的网络上展开。正如里夫金所说，价格免费（free），就意味着从稀缺性的束缚中解放了出来，获得了自由（free）。而（在A、B、C这三种社会构成体依旧保留的同时）主要的社会构成体也将由C转变为D的数字公地。

里夫金是这样描述这个世界的："所有人都能以免费的价格获取大部分必要的物品，交换价值失去了意义……稀缺性及交换价值的地位不再，经济生活将以富裕度、使用价值、共享价值为中心构成"[13]，但由于这种状态与当前的经济理论及经济活动存在着传统认知上的巨大差异，令人难以想象。

借用科幻帮助读者想象此新世界。作家马努·萨迪亚从美国的科幻电视剧、电影系列《星际迷航》中获得了灵感，执笔写下了《星际迷航经济学》（Trekonomics），探讨剧中世界的经济形势[14]。

萨迪亚将《星际迷航》的世界称为"经济的乌托邦"。他在该书中提出，在《星际迷航》的世界中，货币将成为历史遗物，劳动及休闲的界限会变得非常模糊。几乎所有物品都会大量存在，财富的积累将失去意义，迷信、犯罪、贫困、疾病将从人们的生活中消失[15]。

剧中堪称超未来版 3D 打印机的"复制机"，能够根据指示制造出任何物品。复制机属于公共财产，所有人都能免费使用。还有被称为"全息投影"的技术，一言以蔽之，就是所有体验均可借助数字技术得到再现，多用于休闲放松及锻炼等的体验，在数字技术的支持下，也能以零边际成本提供给人们。这样的世界，或许就是里夫金口中的"富裕经济"的究极状态。这本书中不仅分析了技术，还描绘了人类的未来形象，24 世纪的人类"实在是过于完美，比起我们，更接近于外星人"，书中还指出，在"新星际迷航"中登场的数据机器人，"因其不完整而努力模仿身边的同僚人类，一心想要成为人类，反而使其更具有人类特质"[16]。相信这样一来，各位就能够明白，这种世界观与设想 1 中展现的人类与机器人的关系是完全不同的。

日本数字化的发展方向

综上所述，数字化不仅是一类技术，还能促进我们的社会、经济体系以及价值观发生变革。不过这幅未来情境并不是固定不变的，我们人类如何与数字化相处、如何使用数字化，将决定我们会踏上一条怎样的数字化发展道路。对此，我们想先分析一下，数字化对日本究竟具有怎样的意义，以及日本应该利用数字化发展、创造出什么样的未来。

首先是了解现状。令人遗憾的是,或许在全世界人的眼中,日本的数字化发展进程都较为缓慢。在瑞士商学院 IMD 公布的数字竞争力排名(2017 年[17])中,日本在 63 个国家中排名第 27 位,较 2013 年的第 20 位,呈现逐渐下滑的趋势。在日本的数字化评价中,排名最低的,分别是商务速度(第 57 位)和人才(第 41 位)(图 10-1)。

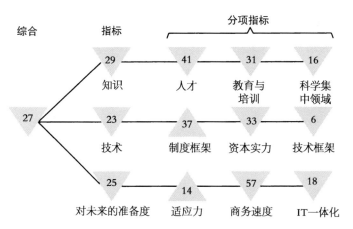

图 10-1　IMD 公布的日本数字竞争力排名及明细项(在 63 个国家中)

注:朝下的三角形代表排名较上一年下滑,朝上的三角形则代表排名较上一年上升。

资料来源:NRI 援引 IMD "IMD World Digital Competitiveness Ranking 2017" 数据绘制。

商务速度较慢的原因,应该与日本的商务文化有关。虽然日本企业在有明确目标的情况下拥有较高的行动力,却缺乏在不明了的状态下先采取行动、再逐步思考的精神。日本企业的经营模式并非霰弹枪式(没有明确目标,先打再说),而是来福枪式（谨慎地瞄准目标，确保一击成功）。自此之上，虽然数字化转型的方向已经明确，但已获得成功的现有业务反而成为了枷锁，让数字化发展始终迈不开脚步，这样的现状也是导致日本数字化发展迟缓的一大原因。

顺带一提，在2017年榜单中排名前5的国家，分别是第1位新加坡、第2位瑞典、第3位美国、第4位芬兰、第5位丹麦。除去美国，这些排名靠前的国家都是人口规模较小的发达国家，紧凑坚实（机动性高）及高度的经济实力，是它们的重要优势。而北欧国家之所以能够在该榜单中名列前茅，或许还要归功于这些国家健全的福利制度，即使政府及企业大力推进数字化转型，也不会引发社会的不安。

将数字化用于解决经济社会问题

在日本，地方振兴已经成为了严峻的课题，如果能够采纳NRI的建议[18]，由作为地区中心的地方城市，负责牵引独立的地方经济圈，或许就能将小体量转化为优势，孕育出数字化飞速发展的地方城市。不过从现状来看，许多在地方担负产业发展重任的组织，都是将总部建于东京、爱知、大阪等大都市圈的企业的分支工厂及研究所，要让这些"派出机构"实现事业所之间的横向协作，并不现实。从这一点来看，我们希望为了鼓励企业将总部等搬迁到地方而出台的"地区分公司强化税制"，能够起到一定的效果。

其次则是人才,日本的人口已经开始不断减少,还面临着"2018 年问题"(18 岁以下的人口从 2018 年开始进入减少期),无法招收到足够学生的大学正在增加,这一系列问题,都会导致日本的社会环境愈发严峻。人口减少本身并不完全是一件坏事。越是在人口增长的国家,国民对被机器人及 AI 夺走岗位,即"技术性失业"的担忧越强,可能会引发社会不安,而对于因人口减少而造成市场劳动力紧缺的日本而言,对此类问题的担忧更少,改革的阻力也更小。

但是,如果好不容易达成了较小的阻力,却只有极少数的人才能用好数字化技术,同样是致命的。虽然这已经成为老生常谈,但如何从海外引进人才,的确是最重要的课题。

18 世纪的工业革命为什么源于英国,而不是从法国或德国开始,其中的缘由引发了各路学者的讨论,其中有一种观点认为其原因是人才。在此前的很长一段时间中,法国的科学国力都要强于英国,拥有大量的人才,但由于路易十四对新教徒(胡格诺派)的迫害,大量新教徒逃亡到了英国。这些新教徒为英国带去了大量的科学知识和技术,为工业革命的爆发奠定了重要的基础[19]。

反观当代,美国在特朗普政权的掌控之下,对移民采取了强硬的态度,导致许多在硅谷工作的移民劳动者纷纷移居加拿大等国家[20]。日本有语言问题,距离美国也比较遥远,或许并不能如此轻易地吸引到海外人才,不过我们或许可以将此视为引进优秀亚裔数字化人才的好机会。

我们认为,即使是在发达国家中,数字化对日本社会经济造成的影响实际上也是相当大的。正如我们在第 3 章中论述的那样，从免费数字服务产出的消费者剩余占 GDP 的比重来看，日本所受的影响其实比美国更大，且日本的网络普及率高于欧美发达国家，数字鸿沟也更小；而从第 8 章来看，比起欧美国家，日本还拥有更适合数字化发展的文化及宗教背景，对机器人及 AI 具有更高的接受度。换言之，"数字化接受度"之类的环境条件，虽然在 IMD 的数字竞争力排行榜中无法得到充分体现，但从全球范围来看，日本在这方面拥有得天独厚的优势。

从企业的角度来看，虽然存在制度方面的问题，但作为新型数字服务的试验场、开发新样板的大平台，日本的魅力绝对不容小觑。而作为以日本为主场的日本企业，应该可以说是具备相应的优势的。

欧美的共享经济企业正在对日本表现出非常浓厚的兴趣。其中可能不仅包含对市场本身的兴趣，还有或许能够在日本孕育出新型服务的期待。如果是这样的话，作为日本外力兴国战略的一环，借助进一步吸引外资、设立合资企业，加大外籍人才引进力度等措施，或许可以加快日本在国家层面上的数字化转型，使日本成为牵引全球数字化发展的领头羊之一。

人类主观世界的重要性

数字化究竟会为经济社会带来怎样的改变，是本书探讨的核心主题。我们认为，在数字化带来的一系列变化中，最具有象征性的，就是在第 3 章中介绍过的消费者剩余存在感的提升。这意味着数字化已经开始对消费者剩余，即人类的主观领域造成影响。正如德鲁克所指出的，工业革命让此前一直属于隐性知识的工匠技艺（技术）实现了体系化（显性知识化）[21]。相对地，数字革命则正在驱使传感器技术及网络科技，进一步挖掘出潜藏在更深层面的人类情感及意志性特质，通过各种形式将其显性化。

随着这一过程，汉娜·阿伦特曾在《人的条件》中论述的"劳动""工作""活动"的顺序也会大幅改变。展现自身实质的"活动"，将具有最高的优先度，紧随其后的，则是以人类想象力为基础，创造世界的"工作"。"劳动"则将由机器人及 AI 代劳，因此会被排在最后，三者的顺序将彻底颠倒。

说起数字革命，人们的关注点往往会放在机器人、AI 之类的客观存在上，而我们则认为，伴随着数字化的发展，人类的主观领域反而将得到更多的彰显。在数字资本主义中，被称为主观知识、实践知识，抑或是集体智慧[22]的知识，将具有越来越高的重要性。正如我们在第 7 章中论述的那样，资本主义体系会为了获取利润，进一步激发出顾客的个性化需求，提高顾客的支付意愿额。分析学、AI 等技术将在此过程中发挥重要作用。

利用数字化更加深入地挖掘人类的主观世界，也就意味着，由此构建起来的人类社会形态，也会前所未有地进一步依存于人类的主观意识。我们人类想要创造出怎样的数字社会，抑或是预测将发展成怎样的社会，这些想法都会直接改变最终实现的社会形态。在 PART Ⅲ 中，我们介绍了两种基本框架，

数字资本主义

人类想要借助数字化，对柄谷模式中的哪个领域进行强化，抑或是基于川田模式中的哪种技术文化来运用数字技术，将会成为数字化发展的关键。从这一点来看，本书所提供的，并不是数字化社会未来形态的唯一答案，即数字化发展的未来取决于人类，且伴随着数字化进程，人类主观意识的影响力将会越发凸显。

注　释

引言

[1] 参加者越多，网络的价值越高，参加者获得的便利也更多。

[2] 通信网络的价值，与联网用户数的平方成正比。

第1章

[1] 通常在研究劳动力、资本、全要素生产率（残差）对GDP造成的影响时，都会采用以索洛模型、罗默模型、卢卡斯模型为代表的经济增长计算公式，不过由于公式(3)在数学逻辑上始终成立，并且能考虑到就业时间的变化，笔者便借此进行了说明。

[2] "长期停滞"（secular stagnation）的说法，最早被用于美国经济学家阿尔文·汉森于1938年12月发表的题为"经济发展与人口增长率的减少"（Economic Progress and Declining Population Growth）的演讲。汉森聚焦当时的美国经济，提出了若没有充足的资本投资，将无法实现充分就业，基于此，美国人口的增长率降低，以及具有抑制投

资属性的发明减少投资的可能性，会导致经济进入长期停滞的状态。

［3］Lawrence Summers, "The Age of Secular Stagnation," Foreign Affairs, March/April 2016, p. 2.

［4］在本章注[3]的论文中，介绍了英格兰银行的Lukasz Rachel与Thomas Smith根据推算得出的研究成果，即在过去的30年间，发达国家的自然利率降低了4.5%。

［5］TED是Technology Entertainment Design的缩写，是由美国的建筑家兼平面设计师理查德·索·乌曼，与哈里·马克思于1984年共同创办的非营利组织。TED大会自1990年开始举办，到了2006年，TED演讲开始以音频及剪辑视频的形式发布。TED的创办目的，是向全世界"传播有价值的思想"（Ideas worth spreading）。

［6］泰勒·科文《大停滞》（池村千秋译，NTT出版，2011年，第27页）

［7］埃里克·布莱恩约弗森、安德鲁·麦卡菲《第二次机器革命》（村井章子译，日经BP出版社，2013年，第21页）。该书中提出的技术性失业论，是从杰里米·里夫金的《大失业时代》（松浦雅之译，TBS Britannica，1996年）中获得了启发。

［8］过去通常会使用GNP（国民生产总值）而非GDP（国内生产总值）作为代表国家经济实力的指标。以日本为例，GNP是聚焦日本人或日本企业活动的经济指标，包含日本人及日本企业在海外产出的附加价值，却没有计入外国人及外国企业在日本国内产出的附加价值。而GDP则是

以领土为计算范围的经济指标，日本人在海外产出的附加价值不会计入日本的 GDP，外国人在日本国内产出的附加价值则会计入日本的 GDP。1993 年，GNP 的概念正式从 SNA（国民经济核算体系）规定中删除。

[９] GDP 与本期净利润的定义是不同的，因此像日本这种企业本期净利润不断上涨，GDP 却停滞不前的情况是能够得到充分解释的。GDP 是总产值减去中间投入额后的附加价值总额，类似于企业会计报表中的毛利润（严格来说，与毛利润的定义差异也很大，不过在毛利润、营业利润和净利润当中，最接近于毛利润）。因此借用企业经营来考虑的话，即使毛利润不变，只要减少销售费用/管理费用、营业外支出（利息支出等），同样能增加本期净利润。

[10] 通过服务的形式，以必要的量，提供必要功能的软件（主要指应用程序软件）或其提供形态。

第 2 章

[１] 我们参考了经济学家岩井克人做出的定义。正如岩井所指出的那样，单从生产定义资本主义，是一种偏重工业资本主义的观点，具有危险性。

[２] 岩井克人《二十一世纪的资本主义论》（筑摩学艺文库，2006 年，第 135 页）。

[３] 约瑟夫·熊彼特《资本主义、社会主义与民主Ⅰ》（大野一译，日经 BP 出版社，2016 年，第 211—212 页）。

[４] 代表学者之一，是担任马克斯·普朗克社会研究所名誉所长的沃夫冈·施特雷克。施特雷克认为，资本主义只不过

是在"借助货币来拖延时间",正在逐渐走向覆灭。

[5] P. F. 德鲁克《后资本主义社会》(上田惇生译,钻石出版社,1993年)。

[6] 本章注 [2] 第 99 页。

[7] 柄谷行人《宪法的无意识》(岩波新书,2016年,第159页)

[8] 伊曼努尔·托德、佐藤优《特朗普将如何改变世界?——"民主"的逆袭》(朝日新书,2016年,第22页)。

[9] 弗里德里希·哈耶克《通往奴役之路》(村井章子译,日经BP出版社,2016年,第240页)。

[10] 作为所有拥有市民资格的人都要参与的选举类型,直接民主主义历史悠久,曾为古希腊城邦国家雅典等所采用。

[11] R. A. 达尔《论民主》(中村孝文译,岩波书店,2001年,第10页)。

[12] Daron Acemoglu, Suresh Naidu, Pascual Restrepo, and James A. Robinson, "Democracy Does Cause Growth," NBER Working Paper, No. 20004, May 1, 2015.

[13] 本章注 [11] 第 228 页。

[14] 本章注 [9] 第 238 页。

[15] 沃夫冈·施特雷克《购买时间:资本主义民主国家如何拖延危机》(铃木直译,Misuzu 书房,2016年,第30页)。

[16] 哈耶克是自由市场经济的信奉者,却不主张自由放任主义(laissez-faire)。哈耶克提出,认为自由主义体制的特征是国家"不做任何干预"这一观点,是一种误解,任何国家都是必须采取行动的,而重要的是,个人能否预测到国家的行为。本章注 [9] 第 257 页。

[17] 摘录自大卫·摩斯于 2016 年 7 月面向野村管理学院毕业生发表的"经营战略研究会"上的演讲。演讲稿收录在"NSAM TOP NEWS Vol.3"野村管理学院中。

[18] 安德雷斯·韦思岸《Amazonmix——数据科学家的思考》（土方奈美译，文艺春秋，2017 年，第 148 页）。

第 3 章

[1] 图中所示的搜索服务与搜索关键词销售服务的支付意愿额，以及成本的大小关系仅为示意图，实际的大小关系不明。虽然搜索关键词销售服务的确能够产出消费者剩余，但其比例应该不高，在此笔者为了便于讨论，假设了仅产出生产者剩余的情形。从图上来看，生产者剩余要大于消费者剩余，但这仅指以个人为单位时的剩余，由于使用搜索服务的消费者数量远远超过广告主的数量，实际上消费者剩余的总和很可能大于生产者剩余的总和。实际上，担任谷歌首席经济学家的哈尔·范里安也曾指出，在谷歌产出的价值中，有三分之二是消费者剩余，只有三分之一是生产者剩余。

[2] 为了寻找中意的商品及服务，前往实体店的时间成本及移动费用。在没有网络的时代，如果想要对比多家门店的价格，就必须花费成倍的时间及移动成本。

[3] https://www.fierceretail.com/digital/72-consumers-visit-amazon-before-making-a-purchase

[4] 2017 年 6 月的数据援引自 http://help.kakaku.com/advertisement.html。2007 年 7 月的数据，参照了株式会社 Kakaku.com

中期股东通信（2007年4月1日—9月30日）第6页的内容。Kakaku.com 发布称，自2013年4月起，计算方式已发生变化。

[5] 通过网络，将过去用户需要借助计算机来使用的数据和软件，以服务的形式提供给用户。

[6] 在经济学中，即使线的形状是直线，也会被视为曲线的一种（或者是曲线中的特殊形态），用"需求曲线""供给曲线"来命名，本书也沿用了这种称呼。

[7] 在不改变供给曲线斜率的情况下向右平移，同样能得到消费者剩余与生产者剩余同时增加的结论，在此，笔者假设了边际成本斜率减小的情形。

[8] 图中的价格虽然降低了，但实际上，价格降低与否，取决于供给能力与需求的变化情况。如果供给曲线的斜率小幅降低，需求大幅增长（向右侧大幅平移），新的均衡价格将较过去更高。

[9] 援引自 https://www.statista.com/statistics/245130/number-of-spotify-employees/。企业尚未公布2017年的员工数量数据，因此用户数量数据也采用了截至2016年6月的数据。根据HP公布的信息，截至2017年6月，用户数量已增长至1亿4 000万人。

[10] 用横轴代表人数、纵轴代表金额，推算了声田向右下方倾斜的需求曲线（全年）。然后将全年1万2 000日元（声田的全年使用费）线上方与需求曲线之间的面积，计算成付费用户能够获得的消费者剩余，将X轴与需求曲线之间的面积（X轴的范围是6 000万—1亿4 000万人）计

算成免费用户能够获得的消费者剩余。

[11] 戴安娜·科伊尔《极简 GDP 史》(高桥璃子译，Misuzu 书房，2015 年，第 19 页)。

[12] 本章注 [11] 第 22 页。

[13] 同上。

[14] GDP 统计是从生产、消费、分配这三方面评价经济活动的，虽然也会关注生产力以外的指标，但其源头仍然是生产力的评价。

[15] Erik Brynjolfsson, and Joo Hee Oh, "The Attention Economy: Measuring the Value of Free Digital Services on the Internet," International Conference on Information Systems, 2012.

[16] 用各年的平均汇率换算成了日元。

[17] 模型在其后发生了更新，NRI 自 2018 年 1 月起，与模型制作者启动了合作研究项目。在套用新的模型后，日本及美国的消费者剩余额可能会与表 3-2 所示的数值出现较大差异，敬请注意。

[18] 工业革命前，在英国掀起的第一次圈地运动中，资本家用围栏将共有土地圈起，将农民从土地上赶走，用这些土地养羊、生产羊毛。

[19] 在宾夕法尼亚大学沃顿商学院执教的约翰·珀西瓦尔教授，出于个人喜好，对 PER 使用了这个比喻。

[20] 本章注 [11] 第 128 页。

第 4 章

[1] Rachel Botsman, "Defining The Sharing Economy: What Is

[1] Collaborative Consumption–And What Isn't?" Fast Company, May 27, 2015（https://www.fastcompany.com/3046119/defining-the-sharing-economy-what-is- collabo-rative-consumption-and-what-isnt）（2017 年 11 月 25 日数据）。

[2] 本章注 [1]。以下其他术语的定义，也请参照该文。

[3] http://reports.weforum.org/digital-transformation/cohealo/ （2017 年 11 月 25 日数据）。

[4] https://www.nytimes.com/2017/11/25/business/etsy-josh-silverman.html（2017 年 11 月 26 日数据）。

[5] https://wired.jp/2015/03/25/etsy-not-good-for-crafters/（2017 年 11 月 26 日数据）。

[6] https://www.kickstarter.com/help/stats?ref ＝ global-footer （2017 年 11 月 26 日数据）。

[7] http://www.businessinsider.com/most-successful-kickstarter-projects-of-all-time-2016-6（2017 年 11 月 26 日数据）。

[8] 名为 Amazon Launchpad Kickstarter。

[9] http://startupcompete.co/startup-idea/internet-consumer-goods-social-entrepreneurship-services-green-it-energy/vandebron/47237（2017 年 11 月 27 日数据）。

[10] 将日元兑换为外汇时的汇率称为 TTS，将外汇兑换为日元时的汇率则称为 TTB。

[11] https://ftalphaville.ft.com/2017/10/18/2194876/zopa-more-risk-same-reward/（2017 年 11 月 27 日数据）。

[12] http://www.zipcar.com/press/overview（2017 年 11 月 27 日数据）。

[13] https://cf-assets-tup.thredup.com/resale_report/2017/thredUP_resaleReport2017.pdf（2017 年 11 月 27 日数据）。

[14] https://www.freecycle.org/about/background（2017 年 11 月 27 日数据）。

[15] https://www.theguardian.com/technology/2008/nov/24/netbytes-freecycle（2017 年 11 月 27 日数据）。

[16] Eric Newcomer, "Uber, Lifting Financial Veil, Says Sales Growth Outpaces Losses," Bloomberg, April 14, 2017（https://www.bloomberg.com/news/articles/2017-04-14/embattled-uber-reports-strong-sales-growth-as-losses-continue）2017 年 4 月 15 日。

[17] Leslie Hook, "UberEats a Bright Spot on Menu with $3bn Potential Sales," Finnancial Times, October 16, 2017（https://www.ft.com/content/a40e56f2-b056-11e7-aab9-abaa44b1e130）.

[18] http://nextjuggernaut.com/blog/uber-laundry-woes-lessons-washio/（2016 年 11 月 10 日）。

[19] 2012 年，CRUSHPAD 因过度负债而被出售给了新的所有人。据报道，截至 2011 年 8 月，CRUSHPAD 共拥有 689 位顾客，其中有 360 人拥有木桶葡萄酒。包括新增顾客在内的 80 人，于 2012 年签订了葡萄酒酿造合同。（https://www.winesandvines.com/news/article/104518/Crushpad-Had-Nothing-Left-to-Spend, Aug., 24, 2012）。

[20] 阿鲁·萨丹拉彻《共享经济——紧随爱彼迎、优步而来的用户主导型新商业全貌》（门胁弘典译，日经 BP 出版社，

2016 年，第 140 — 142 页）。

[21] Paul Krugman, "Increasing Returns, Monopolistic Competition, and International Trade," Journal of International Economics, Vol. 9, 1979 .

[22] NRI《知识资产创造》2018 年新春号，第 34 页。

[23] 负责代购的采购员逐步变成了 Instacart 的正式员工，不再是"边缘人员"，而是平台运营方的一部分。

[24] 本章注 [20] 第 72 页。

[25] 原标题是 "Airbnb and Impacts on the New York City Lodging Market and Economy"，由 HVS Consulting & Valuation 制作。

[26] http://www.pieria.co.uk/articles/uber_and_the_economic_impact_of_sharing_economy_platforms, Feb. 26, 2016.

[27] Samuel Fraiberger and Arun Sundararajan, "Peer-to-Peer Rental Markets in the Sharing Economy"（2017 年 11 月 30 日数据）。

[28] 本章注 [20] 第 226 页。

[29] Peter Cohen, Robert Hahn, Jonathan Hall, Steven Levitt, and Robert Metcalfe, "Using Big Data to Estimate Consumer Surplus: The Case of Uber," NBER Working Paper, No. 22627, August 30, 2016.

[30] 本章注 [20] 第 214 — 217 页。

[31] 弗朗西斯·福山《无"信"而不立》(加藤宽译，三笠书房，1996 年)。

第 5 章

[1] 第 2 章注 [18] 第 15 页。

[2] 买家的支付意愿额是卖家出售意愿的两倍以上,但买家数量(N人)少于卖家数量(M人)的情况下(N<M),会发生柠檬问题。

[3] 凯文·凯利《必然:阐述12种必然的科技力量》(服部桂译,NHK出版,2016年,第93—99页)。

[4] 在野中郁次郎、竹内弘高提出的知识创造理论(SECI模型)中,将AI有效用于将隐形知识转化为显性知识的"显性化"过程的示意图。

第6章

[1] 圈地运动发生在工业革命之前,16世纪,为了培植羊毛产业而进行的大规模运动,被称为第一次圈地运动;而发生在18世纪的第二次圈地运动,则主要在提高农业生产率方面发挥了效果(参考长谷川贵彦《工业革命(世界史剧本116)》,山川出版社,2012年,第42页)。

[2] T. S. 阿什顿《工业革命》(中川敬一郎译,岩波文库,1973年,第33—34页)。

[3] 杰里米·里夫金《零边际成本社会:一个物联网、合作共赢的新经济时代》(柴田裕之译,NHK出版,2015年,第256页)。

[4] 当然,别人也可以从我的身后和我一起阅读,但应该很难保持和我一样的速度,因此存在竞争关系。

[5] 需要注意的是,它并未转变成共有财产。如果在网络上与不特定的多数人共享数字化的书籍,那么这本书就会被列入右下方的公共财产领域。

[6] 从法律角度来看，相应财产仍旧是登记在所有者名下的私有财产，实际上却实现了共有化。

[7] 在全世界都能找到国营企业提供部分私有财产的案例，在此为了便于讨论，简化了问题。

[8] 该论文中还列举了抽签、按照先来后到的顺序、拍卖等方式。文中指出，这些方法都会招致反对，但又必须要采取某种对策，于是人们也不得不勉强同意。

[9] 参考了林雅秀、金泽悠介"公地问题的现代化变身"，《理论与方法》第29卷第2号，2014年，第241—259页。

[10] 主张在原始社会也存在公地方式时，应当设想团体成员中同时存在生者及死者（祖先的灵魂）的情形，并要考虑到当时的人们会在这种前提下制定规则。马塞尔·莫斯对北美的原住民进行了观察，发现这些部族认为，生者只是死者灵魂的代理者，世上所有的物品及财富，实际上都属于死者的灵魂，所有的契约关系、经济关系都是与这些灵魂缔结的（马塞尔·莫斯《论馈赠 外两则》，森山工译，岩波文库，2014年，第116—117页）。

[11] http://jccu.coop/about/coop/（2017年12月18日数据）。

[12] 第4章注 [20] 第338—345页。

[13] http://www.onlinecreation.info/digital-commons/（2017年12月18日数据）。

[14] https://en.wikipedia.org/wiki/List_of_Wikipedias#Detailed_list（2017年12月18日数据）。

[15] 关于Wikiproject的详情，参考了 https://en.wikipedia.org/wiki/WikiProject（2017年12月18日数据）。

第 7 章

［1］Peter Weill, and Stephanie L. Woerner, "Is Your Company Ready for a Digital Future?" MIT Sloan Management Review, Winter 2018.

［2］Peter Weill, and Stephanie L. Woerner, "Thriving in an Increasingly Digital Ecosystem," MIT Sloan Management Review, Summer 2015.

［3］参考汉娜·阿伦特《人的条件》（志水速雄译，筑摩学艺文库，1994年收录）第二章"公有领域和私有领域"以及第三章"劳动"。

［4］Jaron Lanier, *Who Owns the Future?* Penguin Books, 2014.

［5］第 2 章注 [18] 第 45 页。

［6］第 2 章注 [18] 第 300 页。

［7］声田会向学生提供较常规价格更低的收费标准，这是一种源于用户支付能力差距的差异化，并非不同支付意愿额导致的差异化。

［8］Stefan Thomke, *Experimentation Matters: Unlocking the Potential of New Technologies for Innovation*, Harvard Business School Press, 2003.

［9］英文名"Success Depends on How Many Experiments You Can Fit into 24 Hours"。

［10］一种被称为 A/B 实验的方式最为常用。在该方法中，用户会被分为两组，分别向他们提供 A 和 B，观察其间的差异。

[11] 爱迪生的原话是这样的："我并没有失败,我只是发现了一万种行不通的方法。"（I have not failed. I've just found 10 000 ways that won't work.）

[12] 斯蒂芬·汤姆库、埃里克·冯·希普尔《将 R&D 转嫁给顾客的商业模型》（DIAMOND Harvard Business Review, 2002 年 7 月号,第 114 页）。

第 8 章

[1] 以下的柄谷模型,参考了《走向世界共和国——超越资本、民族和国家》（岩波新书,2006 年）以及《世界史的构造》（岩波现代文库,2015 年）。本书的概括可能不够全面,容易引发读者的误解,无论是否有意深入理解柄谷行人的理论,都请务必看看这两本书。

[2] 马塞尔·莫斯《论馈赠》（森山工译,岩波文库,2014 年,第 230 页）。

[3] 莫斯在《论馈赠》中,介绍了一种美国西北部原住民的传统交换模式——"夸富宴"（potlatch）,并将其描述成一种以互酬形式开展的竞争行为："极尽奢华地招待他人,让对方欠下人情……是一场用来确立相互间阶级关系的战争"（第 73 页）。

[4] 柄谷行人《世界史的构造》（岩波现代文库,2015 年,第 11 页）。

[5] 萨丹拉彻在其著作《共享经济》中,将自己认知中的赠予经济,描述成了不同于马塞尔·莫斯书中赠予经济的更加纯粹的赠予行为,也更接近我们的认知。这是因为,莫斯

的赠予经济，是一种基于义务的行为，代表领域 A 的世界，而我们和萨丹拉彻设想的赠予经济，则属于基于自由意志的领域 D 的世界。

[6] 截至 2017 年 12 月，尚未在任何地区开展实际的服务提供，可能在业务运营上遇到了难题。

[7] 可参考 Ilana E. Strauss, "The Myth of the Barter Economy," The Atlantic, February 26, 2016 的报道（https://www.theatlantic.com/business/archive/2016/02/barter-society-myth/471051/）。

[8] 本章注 [4] 第 14 页。

[9] 2010 年被 Swap.com 收购，随后 Swaptree 服务也被关停。

[10] 这不禁让人联想到，在美拉尼西亚的特罗布里恩群岛等地方进行的，被称为"库拉"（kula）的圆环形赠予交易（按顺时针顺序在岛与岛之间进行的赠予仪式），不过 Swaptree 的交换更注重实用性，并且是在陌生人之间进行的圆环交换。

[11] Veronica Marquez, "Swap Economy: Barter Goes Mainstream," Campaign US, November 30, 2015（https://www.campaignlive.com/article/swap-economy-barter-goes-mainstream/1374990）.

[12] 这篇名为"The Return of the Barter Economy"的报道是其中的典型案例（http://strategiesforgrowth.com/future-trends/the-return-of-the-barter-economy/）（2017 年 12 月 23 日数据）。

[13] 第 7 章注 [4] 收录，Introduction。

[14] 柄谷批判了卢梭在社会契约论中以个人为出发点来考虑国家发展的论点，对托马斯·霍布斯对自然状态及社会契约做出的定义表示了肯定（本章注 [4] 第 103 — 104 页）。

虽然柄谷的世界观与卢梭的世界观不同，但从追求人类自由与平等的意志来看，卢梭的著作具有更大的影响力，因此在此引用了卢梭的理论。

[15] 如果将所有日本人视为一个民族，或许可以认为既然是在A（共同体）内的活动，就应该属于交换形式A的范畴，但是在震灾期间来自其他地区的志愿者及捐款，是人们出于自由意志，通过在数字网络上发布消息来实现的，因此本书更倾向于将该过程诠释为交换形式D。

第9章

[1] M.奥斯本、C.弗雷《人工智能会夺走工作吗（上）——日本迎来提高生产率的好机会》(《日本经济新闻》2016年1月12日)。

[2] 川田顺造《"搬运者"的人类学》（岩波新书，2014年，第45页）。

[3] 文化评论家杰里米·里夫金在1995年出版了《工作的终结（The End of Work)》(日文版译名《大失业时代》，松浦雅之译，TBS Britannica，1996年）这本书。

[4] 第2章注[3]第308页。

第10章

[1] 马丁福特《机器人的崛起：技术和未来失业的威胁》(松本刚史译，日本经济新闻出版社，2015年)。

[2] "I can haz all your votes," The Economist, November 4, 2017, pp.19-20.

[3] 自2017年1月起,开展为期两年的社会实验,面向没有固定工作的2 000人,发放每月560欧元(约7万日元)的补贴。即使对象在领取补贴期间找到了工作,也会继续支付补贴。

[4] 根据该书结尾处记载的日语版编辑部的解释,是在与布雷格曼本人商讨之后,从哈耶克的《通往奴役之路》处借鉴了这个标题。(鲁特格尔·布雷格曼《无奴役之路——为胜过AI而生的最低收入保障制度和一天三小时工作制》,野中香方子译,文艺春秋,2017年,第307页)。

[5] 本章注[4]第181页。

[6] 基尼系数用来衡量贫富差距程度,在一人占据所有收入,其余所有人收入为零的状态下最大。

[7] E. H. 卡尔《20年危机——理想与现实》(原彬久译,岩波文库,2011年,第38—39页)。在此还想谈一桩轶事:哈耶克在《通往奴役之路》中,例举了E. H. 卡尔的这本书,批评身为英国人的卡尔拥有德国式思想,信奉国家社会主义。

[8] E. H. 卡尔在《20年危机》中提出,应该用现实主义粉碎(伪善的)理想主义,构建起新的理想主义,本书则反其道而行之,提出了从现实主义迈向理想主义的理念。

[9] 详情收录在第4章注[20],参考了第5章。

[10] 第2章注[18]第25页。

[11] 第6章注[3]第44页。

[12] 第6章注[3]第5部的标题。

[13] 第6章注[3]第424—425页。

[14]《星际迷航》分为多个系列，萨迪亚在该书中引用的，主要是以 24 世纪为舞台的系列（新星际迷航:深空九站、航海家号）。

[15] Manu Saadia, Trekonomics, Inkshares, 2016, pp. 4‑5.

[16] 本章注 [15] 第 173 页。

[17] IMD, "IMD World Digital Competitiveness Ranking 2017".

[18] 参考了神尾文彦《大都市与地方的自立共生模型——本土中心的形成更为重要》(《知识资产创造》，NRI，2015 年 6 月号）等内容。

[19] 第 6 章注 [1] 第 45 — 46 页。

[20] 参考了 http://www.hiringlab.org/2017/10/03/us-tech-workers-seek-canadian-jobs/（2018 年 1 月 5 日数据）等。

[21] 第 2 章注 [5] 第 65 页。

[22] 关于主观知识和集体智慧，参考了西垣通《何谓集体智慧》(中公新书，2013 年）。实践知识则参考了野中郁次郎、竹内弘高《掌握"实践知识"，做智慧型领导》（DIAMOND Harvard Business Review，2011 年 9 月号）。

结　　语

　　NRI自2017年度起，以"由数字化开启的近未来"为主题，组建了研究团队，对今后数字化的冲击开展调查及分析。该研究的部分成果，已被用于2017年10月4日举办的2017年度NRI未来创发论坛的主旨演讲"数字化改变日本未来"等，本书也是基于相关成果编写的。

　　本书从一个谜题展开论述。纵观日本经济，投资及薪酬一路走低，GDP增长率也始终在低空飞行，然而从NRI问卷调查的结果来看，日本人的主观生活水平却是一路提升。为了解释这种看似互相矛盾的现象，我们引入了后续的说明。在随后的解谜过程中，我们通过各类问题分析及公司内外的讨论，层层递进地阐述了数字化能够带来消费者剩余存在感提高等改变，且正在引发经济的失焦现象。我们认为，如今的经济已经进入了一个新时代，不同于18世纪源于英国的工业资本主义，被称为"数字资本主义"的新型资本主义将会成为这个时代的主角。

数字资本主义

明确来说,数字化只能算是一类技术,但如果要在世界史中为其定位,它却正在逐渐成为强烈动摇社会结构、经济结构以及人类价值观的存在。我们在本书中特别关注了数字化带来的经济体系的动态变化,但实际上,我们所关心的,还有在更远的未来,数字化会对产业结构及企业经营造成何等冲击。数字化的影响,正在试图以颠覆性的态势,剧烈改变产业结构。巨大的平台运营方正在不断颠覆传统的商业模式,如秋风扫落叶般,将一直以来都由企业把控的生产者剩余收入囊中。更有甚者,数字化颠覆的不仅是传统的产业结构,还将企业的价值链击得粉碎,借此逐步瓦解传统的行业分类概念。

数字化具体会如何改变产业结构,企业经营迫切需要解决哪些课题,关于这些问题,我们的研究团队将继续推进探讨,敬请各位读者期待。

最后,我想对在本书编写过程中,为我们提供宝贵意见及大力支持的公司内外的朋友表示由衷的感谢。尤其是被称为"共享经济研究第一人"的纽约大学教授阿鲁·萨丹拉彻先生,非常感谢他在百忙之中参加我们的研讨,对本书的内容提供了极其宝贵的意见,在此,我们向他致以最诚挚的感谢。还有产业战略研究所的董事长村上辉康先生(原 NRI 理事长),他通读了我们的原稿,并为本书的架构及标题等提出了宝贵的意见。

NRI 的总经理此本臣吾先生,则负责主导了名为"由数字化开启的近未来"的主题研究,并担任了本书的主编。未来创发中心的主任、研究理事桑津浩太郎先生,带领公司内部的研究团队,为我们负责的调查项目等提供了强有力的支持。野村管理学院的福井正树前院长、NRI 咨询事业本部部长村田

结 语

佳生常务执行董事,为各类研究调查的顺利开展等提供了帮助,为本书的编写提供了方方面面的支持。还有以金融 IT 创新事业本部的柏木亮二高级研究员、数字基盘创新本部的古明地正俊首席研究员为代表的本公司研究团队成员,在研讨中为我们提供了许多建议。在此,我想再次向他们表示感谢。

东洋经济新报社的伊东桃子女士,在本书的构成及内容方面也给出了切实中肯的建议,我想借此机会,向她也表示由衷的感谢。

2018 年 4 月

森 健

日户浩之

主编、著者介绍

[主编]

此本　臣吾（Konomoto　Shingo）

野村综合研究所（NRI）董事长兼社长（总经理）。1985年毕业于东京大学研究生院工学研究系机械工学专业，同年进入NRI。从事全球制造业的战略咨询工作。1994年起任台北事务所所长（1995年起任台北分公司总经理），2000年起任产业咨询部部长，2004年起任执行董事兼咨询第三事业本部部长，2010年起任常务执行董事兼咨询事业本部部长，2013年起任常务执行董事兼咨询事业负责人，2015年起任董事长专务执行董事兼商务部门负责人。2016年起担任现职。合著有《2010年的亚洲》《2015年的日本》，合编有《2015年的中国》《2020年的中国》（均由东洋经济新报社出版）等书籍。

[著者]

森　健（Mori　Takeshi）

野村管理学院（NSAM）项目总监、高级研究员。1995年毕业于庆应义塾大学经济学部，同年进入野村综合研究所（NRI）。2005年在伦敦经济学院（LSE）完成经济学硕士课程。擅长宏观经济和跨国经营。2012年开始负责在野村管理学院企划运营面向经营干部开设的讲座。合著有《2010年的亚洲》《2015年的日本》《2020年的产业》（均由东洋经济新报社出版）和《环球商务管理》（中央经济社出版）等书籍。

日户　浩之（Nitto　Hiroyuki）

野村综合研究所（NRI）合作创新咨询部部门经理、首席顾问。1985年毕业于东京大学文学部社会学科，同年进入NRI。1996年完成东京大学研究生院经济学研究科硕士课程。擅长营销战略方案制定、生活者心理及行动分析、服务业（教育、人才相关等）事业战略等。目前还兼职担任北陆先端科学技术研究生院的大学客座教授。合著有《不断改变的日本人》《不断改变的日本人·续》《第三种消费模式》（均由野村综合研究所出版）和《大众化的IT消费》《为什么日本人不购物了？》《为什么日本人喜欢不假思索地购物？》（均由东洋经济新报社出版）等书籍。

图书在版编目(CIP)数据

数字资本主义/(日)此本臣吾主编;(日)森健,(日)日户浩之著;日本野村综研(大连)科技有限公司译.—上海:复旦大学出版社,2020.6(2023.12重印)
 ISBN 978-7-309-14661-5

Ⅰ.①数… Ⅱ.①此…②森…③日…④日… Ⅲ.①资本主义经济-研究-日本 Ⅳ.①F131.31

中国版本图书馆 CIP 数据核字(2019)第 221233 号

DIGITAL SHIHONSHUGI by Takeshi Mori, Hiroyuki Nitto
Copyright © 2018 Nomura Research Institute, Ltd.
All rights reserved.
Original Japanese edition published by TOYO KEIZAI INC.

Simplified Chinese translation copyright © 2019 by Fudan University Press Co., Ltd.
This Simplified Chinese edition published by arrangement with TOYO KEIZAI INC., Tokyo, through Bardon-Chinese Media Agency, Taipei.
上海市版权著作权合同登记号:09-2019-780

数字资本主义
[日]此本臣吾 主编 [日]森健 [日]日户浩之 著
野村综研(大连)科技有限公司 译
责任编辑/岑品杰

复旦大学出版社有限公司出版发行
上海市国权路 579 号 邮编:200433
网址:fupnet@fudanpress.com http://www.fudanpress.com
门市零售:86-21-65102580 团体订购:86-21-65104505
出版部电话:86-21-65642845
上海盛通时代印刷有限公司

开本 890 毫米×1240 毫米 1/32 印张 7 字数 150 千字
2023 年 12 月第 1 版第 4 次印刷

ISBN 978-7-309-14661-5/F・2627
定价:35.00 元

如有印装质量问题,请向复旦大学出版社有限公司出版部调换。
版权所有 侵权必究